غبار خاطر

حصہ دوم

خط نمبر ۱۴ تا نمبر ۲۴

ابوالکلام آزادؒ

مرتبہ: محب علوی، اعجاز عبید

Ghubaar-e-Khatir - Part:2

by: Maulana Abul Kalam Azad

Edition: August '2025

Publisher :

Taemeer Publications LLC (Michigan, USA / Hyderabad, India)

ISBN 978-93-6908-739-6

کتاب	:	**غبارِ خاطر** (حصہ : دوم)
مصنف	:	**مولانا ابوالکلام آزاد**
صنف	:	غیر افسانوی نثر
ترتیب / تدوین	:	محب علوی، اعجاز عبید
ناشر	:	تعمیر پبلی کیشنز (حیدرآباد، انڈیا)
سالِ اشاعت	:	۲۰۲۵ء
صفحات	:	۲۳۰
سرورق ڈیزائن	:	تعمیر ویب ڈیزائن

فہرست

حرفِ چند

یہ کتاب مولانا ابوالکلام آزاد کے ان خطوط پر مبنی ہے جو مولانا نے احمد نگر قلعے کی جیل سے 'صدیقِ مکرم' یعنی مولانا حبیب الرحمن خاں شیروانی (شیروانی کو اصل کتاب میں شروانی لکھا گیا ہے) کو لکھے گئے تھے جو کبھی سپرد ڈاک نہیں ہو سکے۔ صرف لکھ کر اپنے پاس رکھ لئے گئے، بعد میں ایک فائل میں رکھ کر مکتوب الیہ کو دیے گئے تو انہیں ان کے دیدار ہو سکے۔

مکتوب الیہ مولانا حبیب الرحمن شیروانی (۱۸٦۷ء تا ۱۹۵۰ء) ندوۃ العلماء لکھنؤ کے استاد، مولانا شبلی نعمانی کے رفیق اور خود بھی اردو کے ادیب تھے۔ وہ عثمانیہ یونیورسٹی حیدر آباد دکن کے ۱۹۱۸ء میں پہلے وائس چانسلر بھی تھے اور نظام دکن سے انہیں نواب صدر یار جنگ بہادر کا خطاب عطا ہوا تھا۔ وقار حیات (۱۹۲۵ء)، بوستان حسرت، نابینا علما (۱۹۳۷ء)، تذکرہ شاہ بابر غازی (۱۹۲۷ء)، سیرۃ الصدیق (۱۹۲۱ء)، استاذ العلماء (۱۹۳۷ء) وغیرہ کتب ان کی تصنیف کردہ ہیں۔

مولانا آزاد کے سکریٹری محمد اجمل خاں نے ان خطوط کی نقول بنا کر مولانا آزاد کی اجازت سے ۱۹۴۶ء میں شائع کیے۔ گویا کہ اصل میں یہ جمع و ترتیب پہلی دفعہ تو محمد اجمل خان کے ہاتھوں عمل میں آئی۔ اس کے دو ایڈیشن تو ۱۹۴۶ء سے پہلے شائع ہو چکے تھے، لیکن ۱۹۴۶ء میں ایک مزید خط اور حاصل ہوا تو تیسرے ایڈیشن میں اس کا اضافہ کر کے کل ۲۴ عدد خطوط شائع کیے گئے۔ بعد ازاں مشہور محقق اردو مالک رام نے ان کو مختلف انداز سے مرتب دے کر مختلف حواشی بھی شامل کیے۔

زیر نظر کتاب میں صرف محمد اجمل خان کا مقدمہ اور مولانا آزاد کا تحریر کردہ دیباچہ شامل ہے۔ اس کے متن کو اردو ویب ڈاٹ آرگ ویب سائٹ کی مشہور آن لائن اردو فورم 'اردو محفل' (اب مرحوم) کے اراکین نے ٹائپ کر کے اردو متن میں فراہم کیا ہے، فورم کے مختلف صفحات سے محب علوی اور اعجاز عبید نے متن جمع و ترتیب کر کے اردو متن کی کمپیوٹر فائل بنائی ہے، اور اب اس کی پروف ریڈنگ کی جا سکی ہے اور اسے آن لائن شائع کیا جا رہا ہے۔

اعجاز عبید

خط نمبر ۱۴

قلعۂ احمد نگر

۵ دسمبر ۱۹۴۲ء

صدیق مکرم

پانچویں صلیبی حملہ کی سرگزشت ایک فرانسیسی مجاہد (Crusader) "ژے آن دو ژواین ویل" (Jean De Jain Ville) نامی نے بطور یادداشت کے قلم بند کی ہے۔ اس کے کئی انگریزی ترجمے شائع ہو چکے ہیں۔ زیادہ متداول نسخہ ایوری مینس لائبریری کا ہے۔

پانچواں صلیبی حملہ سینٹ لوئس شاہ فرانس نے براہ راست مصر پر کیا تھا۔ دمیاط (Demietta) کا عارضی قبضہ، قاہرہ کی طرف اقدام، ساحل نیل کی لڑائی، صلیبیوں کی شکست، خود سینٹ لوئس کی گرفتاری اور زرِ فدیہ کے معاہدہ پر رہائی، تاریخ کے مشہور واقعات ہیں، اور عرب مؤرخوں نے ان کی تمام تفصیلات قلم بند کی ہیں۔ لوئس رہائی

کے بعد عکہ (Acre) آیا جو چند دوسرے ساحلی مقامات کے ساتھ صلیبیوں کے قبضہ میں باقی رہ گیا تھا، اور کئی سال وہاں مقیم رہا۔ ژواین ویل نے یہ تمام زمانہ لوئس کی ہمراہی میں بسر کیا۔ مصر اور عکہ کے تمام اہم واقعات اس کے چشم دید واقعات ہیں۔

لوئس ۱۲۴۸ء میں فرانس سے روانہ ہوا۔ دوسرے سال دمیاط پہنچا۔ تیسرے سال عکہ، پھر ۱۲۵۴ء میں فرانس واپس ہوا۔ یہ سنین اگر ہجری سنین سے مطابق کیے جائیں تو تقریباً ۶۴۶ھ اور ۶۵۶ھ ہوتے ہیں۔

ژواین ویل جب لوئس کے ہمراہ فرانس سے روانہ ہوا تو اس کی عمر چوبیس برس کی تھی۔ لیکن یہ یادداشت اس نے بہت عرصہ کے بعد اپنی زندگی کے آخری سالوں میں لکھی۔ یعنی ۱۳۰۹ء (۷۰۸ھ) میں۔ جب اس کی عمر خود اس کی تصریح کے مطابق پچاسی برس کی ہو چکی تھی، اور صلیبی حملہ کے واقعات پر نصف صدی کی مدت گذر چکی تھی، اس طرح کوئی تصریح موجود نہیں جس کی بنا پر خیال کیا جا سکے کہ مصر اور فلسطین کے قیام کے زمانہ میں وہ اہم واقعات قلم بند کر لیا کرتا تھا۔ پس جو کچھ اس نے لکھا ہے، وہ پچاس برس پیشتر کے حوادث کی ایک ایسی روایت ہے، جو اس کے حافظہ نے محفوظ کر لی تھی، بااین ہمہ اس کے بیانات جہاں تک واقعات جنگ کا تعلق ہے، عام طور پر قابلِ وثوق تسلیم کیے گئے ہیں۔

مسلمانوں کے دینی عقائد واعمال اور اخلاق و عادات کی نسبت اس کی معلومات ازمنۂ وسطیٰ کی عام فرنگی معلومات سے چنداں مختلف نہیں۔ تاہم درجہ کا فرق ضرور ہے چونکہ اب یورپ اور مشرق وسطیٰ کے باہمی تعلقات جو صلیبی لڑائیوں کے سائے میں نشوونما پائے رہے تھے۔ تقریباً ڈیڑھ سو برس کا زمانہ گذر چکا تھا، اور فلسطین کے نو آباد صلیبی مجاہد اب مسلمانوں کو زیادہ قریب ہو کر دیکھنے لگے تھے، اس لیے قدرتی طور پر ژواین ویل کے ذہنی تاثرات کی نوعیت سے مختلف دکھائی دیتی ہے جو ابتدائی عہد کے صلیبیوں کے رہ چکے ہیں، مسلمان کافر ہیں، ہیدین (Heathen) ہیں، پے نیم (Paynim) ہیں، پے گن (Pagan) ہیں، مسیح کے دشمن ہیں۔ تاہم کچھ اچھی باتیں بھی ان کی نسبت خیال میں لائی جا سکتی ہیں اور ان کے طور طریقہ میں تمام باتیں بری نہیں ہیں۔ مصری حکومت اور اس کے ملکی اور فوجی نظام کے بارے میں اس نے جو کچھ لکھا ہے وہ ستر فیصد کے قریب صحیح ہے۔ لیکن مسلمانوں کے دینی عقائد واعمال کے بیانات میں پچیس فیصد سے زیادہ صحت نہیں۔ پہلی معلومات غالباً اس کی ذاتی ہیں، اس لیے صحت سے قریب تر ہیں۔ دوسری معلومات زیادہ تر فلسطین کے کلیسائی حلقوں سے حاصل کی گئی ہیں، اس لیے تعصّب و نفرت پر مبنی ہیں۔ اس عہد کی عام فضا دیکھتے ہوئے یہ صورتِ حال چنداں تعجب انگیز نہیں۔

ایک عرصہ کے بعد مجھے اس کتاب کے دیکھنے کا یہاں پھر اتفاق ہوا۔ ایک رفیقِ زنداں نے ایوری مینس لائبریری کی کچھ کتابیں منگوائی تھیں، ان میں یہ بھی آگئی۔ اس سلسلہ میں دو خصوصیت کے ساتھ قابل غور ہیں۔

قیام عکہ کے زمانے میں لوئس نے ایک سفیر سلطانِ دمشق کے پاس بھیجا تھا جس کے ساتھ ایک شخص ایوے لابریتاں (Yevo La Bretan) بطور مترجم ساتھ گیا تھا۔ یہ شخص مسیحی واعظوں کے ایک حلقہ سے تعلق رکھتا تھا اور "مسلمانوں کی زبان" سے واقف تھا۔ "مسلمانوں کی زبان" سے مقصود یقیناً عربی ہے۔ ژواین ویل اس سفارت کا ذکر کرتے ہوئے لکھتا ہے :

"جب سفیر اپنی قیام گاہ سے سلدان (سلطان) کے محل کی طرف جا رہا تھا تو لابریتاں کو راستہ میں ایک مسلمان بڑھیا عورت ملی۔ اس کے داہنے ہاتھ میں ایک برتن آگ کا تھا بائیں ہاتھ میں پانی کی صراحی تھی۔ لابریتاں نے اس عورت سے پوچھا "یہ چیزیں کیوں اور کہاں لے جا رہی ہو؟" عورت نے کہا "میں چاہتی ہوں اِس آگ سے جنت کو جلا دوں اور پانی سے جہنم کی آگ بجھا دوں تاکہ پھر دونوں کا نام و نشان باقی نہ رہے" لابریتاں نے کہا کہ "تم ایسا کیوں کرنا چاہتی ہو؟" اس نے جواب دیا "اس لیے کہ کسی انسان کے لیے اس کا موقعہ باقی نہ رہے کہ جنت کے لالچ اور جہنم کے ڈر سے نیک

کام کرے۔ پھر وہ جو کچھ کرے گا صرف خدا کی محبت کے لیے کرے گا۔"

(Memoires of The Crusade: 240)

اس روایت کا ایک عجیب پہلو یہ ہے کہ بجنسہ یہی عمل اور یہی قول حضرت رابعہ بصریہ سے منقول ہے۔ اِس وقت کتابیں یہاں موجود نہیں، لیکن حافظہ کی مدد لے کر یہ کہہ سکتا ہوں کہ قُشیری، ابو طالب مکی، فرید الدین عطار، صاحب عرائس المجالس، صاحبِ روح البیان اور شعرانی، سب نے یہ مقولہ نقل کیا ہے اور اسے رابعہ بصریہ کے فضائلِ مقامات میں سے قرار دیا ہے۔

رابعہ بصریہ پہلے طبقہ کی کبارِ صُوفیہ میں شمار کی گئی ہیں۔ دوسری صدی ہجری یعنی آٹھویں صدی مسیحی میں ان کا انتقال ہوا۔ اُن کے حالات میں سب لکھتے ہیں کہ ایک دن اِس عالم میں گھر سے نکلیں کہ ایک ہاتھ میں آگ کا برتن تھا دوسرے میں پانی کا کوزہ۔ لوگوں نے پوچھا کہاں جا رہی ہو، جواب میں بجنسہ وہی بات کہی جو لا بریتاں نے دمشق کی عورت کی زبانی نقل کی ہے۔ "آگ سے جنت کو جلا دینا چاہتی ہوں، پانی سے دوزخ کی آگ بجھا دینی چاہتی ہوں تاکہ دونوں ختم ہو جائیں اور پھر لوگ عبادت صرف خدا کے لیے کریں۔ جنت اور دوزخ کے طمع و خوف سے نہ کریں۔" قدرتی طور پر یہاں یہ سوال پیدا ہوتا ہے کہ دوسری صدی ہجری کی رابعہ بصریہ کا مقولہ کس طرح

ساتویں صدی ہجری کی ایک عورت کی زبان پر طاری ہو گیا جو دمشق کی سڑک سے گزر رہی تھی؟ یہ کیا بات ہے کہ تعبیرِ معارف کی ایک خاص تمثیل (پارٹ) جو پانچ سو برس پہلے بصرہ کے ایک کُوچہ میں دکھائی گئی تھی بعینہٖ اب دمشق کی ایک شاہراہ پر دہرائی جا رہی ہے؟ کیا یہ محض افکار و احوال کا توَارد ہے، یا تکرار اور نقالی ہے؟ یا پھر راوی کی ایک افسانہ تراشی؟

ہر توجیہ کے لیے قرائن موجود ہیں اور معاملہ مختلف بھیسوں میں سامنے آتا ہے:

(۱) یہ وہ زمانہ تھا جب صلیبی جماعتوں کی قوت فلسطین میں پاش پاش ہو چکی تھی، ساحل کی ایک چھوٹی سی دھجی کے سوا ان کے قبضہ میں اور کچھ باقی نہیں رہا تھا اور وہاں بھی امن اور چین کی زندگی بسر نہیں کر سکتے تھے۔ رات دن کے لگاتار حملوں اور محاصروں سے پامال ہوتے رہتے تھے۔ لوئس اُن کی اعانت کے لیے آیا لیکن وہ خُود اعانت کا محتاج ہو گیا۔ جنگی قوت کے افلاس سے کہیں زیادہ ان کا اخلاقی افلاس اُنہیں تباہ کر رہا تھا۔ ابتدائی عہد کا مجنونانہ مذہبی جوش و خروش جو تمام یورپ کو بہا لے گیا تھا، اب ٹھنڈا پڑ چکا تھا اور اب اس کی جگہ ذاتی خود غرضیاں اور صلیبی حلقہ بندیوں کی باہمی رقابتیں کام کرنے لگی تھیں، پے در پے شکستوں اور ناکامیوں سے جب ہمتیں پست ہوئیں۔ تو اصل مقصد کی کشش بھی کمزور پڑ گئی اور بد عملیوں اور ہوس رانیوں کا بازار گرم ہو گیا۔

مذہبی پیشواؤں کی حالت امراء اور عوام سے بھی بدتر تھی۔ دینداری کے اخلاص کی جگہ ریاکاری اور نمائش ان کا سرمایۂ پیشوائی تھا۔ ایسے افراد بہت کم تھے جو واقعی مخلص اور پاک عمل ہوں۔

جب اُس عہد کے مسلمانوں کی زندگی سے اِس صورت حال کا مقابلہ کیا جاتا تھا تو مسیحی زندگی کی مذہبی اور اخلاقی پستی اور زیادہ نمایاں ہونے لگتی تھی۔ مسلمان اب صلیبیوں کے ہمسایہ میں تھے اور التوائے جنگ کے بڑے بڑے وقفوں نے باہمی میل جول کے دروازے دونوں پر کھول دیئے تھے۔ صلیبیوں میں جو لوگ پڑھے لکھے تھے ان میں سے بعض نے شامی عیسائیوں کی مدد سے مسلمانوں کی زبان سیکھ لی تھی اور ان کے مذہبی اور اخلاقی افکار و عقائد سے واقفیت پیدا کرنے لگے تھے۔ کلیسائی واعظوں کے جو حلقے یہاں کام کر رہے تھے اُن میں بھی بعض متجسس طبیعتیں ایسی پیدا ہو گئی تھی جو مسلمان عالموں اور صوفیوں سے ملتیں اور دینی اور اخلاقی مسائل پر مذاکرے کرتیں۔ اِس عہد کے متعدد عالموں اور صوفیوں کے حالات میں ایسی تصریحات ملتی ہیں کہ صلیبی قسیس و رُہبان ان کے پاس آئے اور باہم دگر سوال و جواب ہوئے۔ بعض مسلمان علماء جو صلیبیوں کے ہاتھ گرفتار ہو گئے تھے، عرصہ تک اُن میں رہے اور ان کے

مذہبی پیشواؤں سے مذہبی مباحث کیے۔ شیخ سعدی شیرازی کو اسی عہد میں صلیبیوں نے گرفتار کرلیا تھا، اور اُنہیں عرصہ تک طرابلس میں گرفتاری کے دن کاٹنے پڑے تھے۔ اس صورتِ حال کا لازمی نتیجہ یہ تھا کہ صلیبیوں میں جو لوگ مخلص اور اثر پذیر طبیعتیں رکھتے تھے وہ اپنے گروہ کی حالت کا مسلمانوں کی حالت سے مقابلہ کرتے۔ وہ مسلمانوں کا مذہبی اور اخلاقی تفوق دکھا کر عیسائیوں کو غیرت دلاتے کہ اپنی نفس پرستیوں اور بد عملیوں سے باز آئیں اور مسلمانوں کی دیندارانہ زندگی سے عبرت پکڑیں۔ چنانچہ خود ژوا این ویل کی سرگزشت میں جا بجا اِس ذہنی انفعال کی جھلک اُبھرتی رہتی ہے۔ متعدد مقام ایسے ملتے ہیں جہاں وہ مسلمانوں کی زبانی اس طرح کے اقوال نقل کرتا ہے جس سے عیسائیوں کے لیے عبرت اور تنبُہ کا پہلو نکلتا ہے۔ اِسی دمشق کی سفارت کے سلسلہ میں اس نے جان دی آرمینین (John the Armenian) کے سفرِ دمشق کا ایک واقعہ نقل کیا ہے۔ یہ شخص دمشق اس لیے گیا تھا کہ کمانیں بنانے کے لیے سینگ اور سریش خریدے۔ وہ کہتا ہے کہ مجھے دمشق میں ایک عمر رسیدہ مسلمان ملا جس نے میری وضع قطع دیکھ کر پوچھا "کیا تم مسیحی ہو؟" میں نے کہا ہاں۔ مسلمان شیخ نے کہا "تم مسیحی آپس میں ایک دوسرے سے اب زیادہ نفرت کرنے لگے ہو اسی لیے ذلیل وخوار ہو رہے ہو۔ ایک زمانہ وہ تھا جب میں یروشلم کے

صلیبی بادشاہ بالڈوین (Baldwin) کو دیکھا تھا۔ وہ کوڑھی تھا اور اس کے ساتھ مسلح آدمی صرف تین سو تھے۔ پھر بھی اس نے اپنے جوش و ہمت سے سالادین (صلاح الدین) کو پریشان کر دیا تھا۔ لیکن اب تم اپنے گناہوں کی بدولت اِتنے گر چکے ہو کہ ہم جنگلی جانوروں کی طرح تمہیں رات دن شکار کرتے رہتے ہیں۔"

پس ممکن ہے کہ لا بریتاں ایسے ہی لوگوں میں سے ہو جنہیں مسلمان صوفیوں کے اعمال و اقوال سے یک گونہ واقفیت حاصل ہو گئی ہو، اور وہ وقت کے ہر معاملہ کو عیسائیوں کی عبرت پذیری کے لیے کام میں لانا چاہتا ہو۔ لا بریتاں کی نسبت ہمیں بتایا گیا ہے کہ مسیحی واعظوں کے حلقہ سے وابستگی رکھتا تھا اور عربی زبان سے واقف تھا۔ کچھ بعید نہیں کہ اُسے اُن خیالات سے واقفیت کا موقع ملا ہو جو اُس عہد کے تعلیم یافتہ مسلمانوں میں عام طور پر پائے جاتے تھے۔ چونکہ رابعۂ بصریہ کا یہ مقولہ عام طور پر مشہور تھا اور مسلمانوں کے میل جول سے اُس کے علم میں آ چکا تھا، اس لیے سفرِ دمشق کے موقعہ سے فائدہ اٹھا کر اس نے ایک عبرت انگیز کہانی گھڑ لی۔ مقصود یہ تھا کہ عیسائیوں کو دین کے اخلاصِ عمل کی ترغیب دلائی جائے اور دکھایا جائے کہ مسلمانوں میں ایک بڑھیا عورت کے اخلاصِ عمل کا جو درجہ ہے، وہ اُس تک بھی نہیں پہنچ سکتے۔

یہ بھی ممکن ہے کہ خود ژواین ویل کے علم میں یہ مقولہ آیا ہو اور اس نے لابریتاں کی طرف منسوب کر کے اسے دمشق کے ایک بروقت واقعہ کی شکل دے دی ہو۔

ہمیں معلوم ہے کہ انیسویں صدی کے نقادوں نے ژواین ویل کو صلیبی عہد کا ایک ثقہ راوی قرار دیا ہے۔ اس میں بھی شک نہیں کہ وہ بظاہر ایک دیندار اور مخلص مسیحی تھا، جیسا کہ اس کی تحریر سے جا بجا مترشح ہوتا ہے۔ تاہم یہ ضروری نہیں کہ ایک دیندار راوی میں دینی و اخلاقی اغراض سے مفید مقصد روایتیں گھڑنے کی استعداد نہ رہی ہو۔ فن روایت کی گہرائیوں کا کچھ عجیب حال ہے۔ نیک سے نیک انسان بھی بعض اوقات جعل و صناعت کے تقاضوں سے اپنی نگرانی نہیں کر سکتے۔ وہ اس دھوکے میں پڑ جاتے ہیں کہ اگر کسی نیک مقصد کے لیے ایک مصلحت آمیز جعلی روایت گھڑ لی جائے تو کوئی برائی کی بات نہیں۔ مسیحی مذہب کے ابتدائی عہدوں میں جن لوگوں نے حواریوں کی نام سے طرح طرح کے نوشتے گھڑے تھے اور جنہیں آگے چل کر کلیسا نے غیر معروف و مدفون (Apocrypha) نوشتوں میں شمار کیا، وہ یقیناً بڑے ہی دیندار اور مقدس آدمی تھے۔ تاہم یہ دینداری انہیں اس بات سے نہ روک سکی کہ حواریوں کے نام سے جعلی نوشتے تیار کر لیں۔

تاریخ اسلام کی ابتدائی صدیوں میں جن لوگوں نے بے شمار جھوٹی حدیثیں بنائیں، ان میں ایک گروہ دیندار واعظوں اور مقدس زاہدوں کا بھی تھا۔ وہ خیال کرتے تھے کہ لوگوں میں دینداری اور نیک عملی کا شوق پیدا کرنے کے لیے جھوٹی حدیثیں گھڑ کر سنانا کوئی برائی کی بات نہیں۔ چنانچہ امام احمد بن حنبل کو کہنا پڑا کہ حدیث کے واعظوں میں سب سے زیادہ خطرناک گروہ ایسے ہی لوگوں کا ہے۔

اس سلسلہ میں یہ بات بھی پیش نظر رکھنی چاہیے کہ یہ زمانہ یعنی ساتویں صدی ہجری کا زمانہ صوفیانہ افکار و اعمال کے شیوع و احاطہ کا زمانہ تھا۔ تمام عالم اسلامی خصوصاً بلاد مصر و شام میں وقت کی مذہبی زندگی کا عام رجحان تصوف اور تصوف آمیز خیالات کی طرف جا رہا تھا۔ ہر جگہ کثرت کے ساتھ خانقاہیں بن گئی تھیں۔ اور عوام اور امراء دونوں کی عقیدت مندیاں انہیں حاصل تھیں، تصوف کی اکثر متداول مصنفات تقریباً اسی صدی اور اس کے بعد کی صدی میں مدون ہوئیں۔ حافظ ذہبی جنہوں نے اس زمانہ سے ساٹھ ستر برس بعد اپنی مشہور تاریخ لکھی ہے۔ لکھتے ہیں کہ اس عہد کے تمام لوگ اور امراء اسلام صوفیوں کے زیر اثر تھے۔ مقریزی نے تاریخ مصر میں جن خانقاہوں کا حال لکھا ہے۔ ان کی بڑی تعداد تقریباً اسی عہد کی پیداوار ہے۔ ایسی حالت میں یہ کوئی تعجب انگیز بات نہیں کہ جن صلیبیوں کو مسلمانوں کے خیالات سے واقفیت

حاصل کرنے کا موقعہ ملا ہو، وہ مسلمان صوفیوں کے اقوال پر مطلع ہو گئے ہوں کیونکہ وقت کا عام رنگ یہی تھا۔

(۲) یہ بھی ممکن ہے کہ لا بریتاں ایسے لوگوں میں سے ہو جن میں افسانہ سرائی اور حکایت سازی کا ایک قدرتی تقاضا پیدا ہو جاتا ہے۔ ایسے لوگ بغیر کسی مقصد کے بھی محض سامعین کا ذوق و استعجاب حاصل کرنے کے لیے فرضی واقعات گھڑ لیا کرتے ہیں دنیا میں فن روایت کی آدھی غلط بیانیاں راویوں کے اسی جذبۂ داستان سرائی سے پیدا ہوئیں۔ مسلمانوں میں وعّاظ و قصاص کا گروہ یعنی واعظوں اور قصہ گویوں کا گروہ محض سامعین کے استعجاب و توجہ کی تحریک کے لیے سیکڑوں روایتیں برجستہ گھڑ لیا کرتا تھا اور پھر وہی روایتیں قید کتابت میں آ کر ایک طرح کے نیم تاریخی مواد کی نوعیت پیدا کر لیتی تھیں۔ ملا معین واعظ کاشفی وغیرہ کی مصنفات ایسے قصوں سے بھری ہوئی ہیں۔

(۳) یہ بھی ممکن ہے کہ واقعہ صحیح ہو، اور اس عہد میں ایک صوفی عورت موجود ہو جس نے رابعہ بصریہ والی بات بطور نقل و اتباع کے یا واقعی اپنے استغراق حاصل کی بنا پر دہرا دی ہے۔

افکار و احوال کے اشباہ و امثال ہمیشہ مختلف وقتوں اور مختلف شخصیتوں میں سر اٹھاتے رہتے ہیں اور فکر و نظر کے میدان سے کہیں زیادہ احوال و واردات کا میدان اپنی یک رنگیاں اور ہم آہنگیاں رکھتا ہے۔ بہت ممکن ہے کہ ساتویں صدی کی ایک صاحب حال عورت کی زبان سے بھی اخلاق عمل اور عشق الٰہی کی وہی تعبیر نکل گئی ہو جو دوسری صدی کی رابعہ بصریہ کی زبان سے نکلی تھی۔ افسوس ہے کہ یہاں کتابیں موجود نہیں ہیں ورنہ ممکن تھا کہ اس عہد کے صوفیاء دمشق کے حالات میں کوئی سراغ مل جاتا۔ ساتویں صدی کا دمشق تصوف و اصحاب تصوف کا دمشق تھا۔

یہ یاد رہے کہ تذکروں میں ایک رابعہ شامیہ کا بھی حال ملتا ہے۔ اگر میرا حافظہ غلطی نہیں کرتا تو جامی نے بھی نفحات کے آخر میں ان کا ترجمہ لکھا ہے۔ لیکن ان کا عہد اس سے بہت پیشتر کا ہے۔ اس عہد کے شام میں ان کی موجودگی تصور میں نہیں لائی جا سکتی۔

نئی صورت جو سامنے آتی ہے، وہ یہ ہے کہ اس عہد میں کوئی نمائش پسند عورت تھی جو بطور نقالی کے صوفیوں کے پارٹ دکھایا کرتی تھی، اور وہ لابریتاں سے دوچار ہو گئی۔ یا یہ سن کر کہ عکہ کی مسیحی سفارت آ رہی ہے قصداً اس کی راہ میں آ گئی۔ مگر یہ سب سے زیادہ بعید اور دور از قرائن صورت ہے جو ذہن میں آ سکتی ہے۔

ژواین ریل نے ایک دوسرا واقعہ "دی اولڈ مین آف دی ماؤنٹین" کی سفارت کا نقل کیا ہے۔ یعنے کوہستان الموت کے "شیخ الجبال" کی سفارت کا۔ جیسا کہ آپ کو معلوم ہے کہ "شیخ الجبال" کے لقب سے پہلے حسن بن صباح ملقب ہوا تھا پھر اس کا ہر جانشین اسی لقب سے پکارا جانے لگا۔ فرقہ باطنیہ کی دعوت کا یہ عجیب و غریب نظام تاریخ عالم کے غرائب حوادث میں سے ہے۔ یہ بغیر کسی بڑی فوجی طاقت کے تقریباً ڈیڑھ سو برس تک قائم رہا اور مغربی ایشیا کی تمام طاقتوں کو اس کی ہولناکی کے آگے جھکنا پڑا۔ اس نے یہ اقتدار فوج اور مملکت کے ذریعہ حاصل نہیں کیا تھا۔ بلکہ صرف جانفروش فدائیوں کے بے پناہ قاتلانہ حملے تھے۔ جنھوں نے اسے ایک ناقابل تسخیر طاقت کی حیثیت دے دی تھی۔ وقت کا کوئی پادشاہ، کوئی وزیر، کوئی امیر، کوئی سر بر آوردہ انسان ایسا نہ تھا جس کے پاس اس کا پراسرار خنجر نہ پہنچ جاتا ہو۔ اس خنجر کا پہنچنا اس بات کی علامت تھی کہ اگر شیخ الجبال کی فرمائش کی تعمیل نہ کی جائے گی تو بلا تامل قتل کر دیے جاؤ گے۔ یہ فدائی تمام شہروں میں پھیلے ہوئے تھے وہ سائے کی طرح پیچھا کرتے اور آسیب کی طرح محفوظ سے محفوظ گوشوں میں پہنچ جاتے۔

صلیبی جنگ آزماؤں کا بھی ان سے سابقہ پڑا۔ کئی ٹمپلر (Templer) اور ہاسپٹلر (Hospitaller) فدائیوں کے خنجروں کا نشانہ بنے اور بالآخر مجبور ہو گئے کہ "شیخ

الجبال" کی فرمائشوں کی تعمیل کریں۔ یروشلم (بیت المقدس) جب صلیبیوں نے فتح کیا تھا اور بالڈوین تخت نشین ہوا تھا تو اسے بھی ایک سالانہ رقم بطور نذر کے الموت بھیجنی پڑی تھی۔ فریڈرک ثانی جب ۱۲۲۹ء میں سلطان مصر کی اجازت لے کر یروشلم کی زیادت کے لیے آیا تو اس نے بھی اپنا ایک سفیر گرانقدر تحفوں کے ساتھ شیخ الجبال کے پاس بھیجا تھا۔ یورپ میں قلعہ الموت کے عجائب کی حکایتیں انہیں صلیبیوں کے ذریعہ پھیلیں جو بعد کی مصنفات میں ہمیں طرح طرح کے ناموں سے ملتی ہیں۔ انیسویں صدی کے بعض افسانہ نگاروں نے اسی مواد سے اپنے افسانوں کی نقش آرائیاں کیں اور بعض اس دھوکے میں پڑ گئے کہ شیخ الجبال سے مقصود کوہستان شام کا کوئی پراسرار شیخ تھا جس کا صدر مقام لبنان تھا۔

ژواین ویل لکھتا ہے:

"عکہ میں پادشاہ (لوئس) کے پاس کوہستان کے "اولڈمین" کے ایلچی آئے۔ ایک امیر عمدہ لباس میں ملبوس آگے تھا اور ایک خوش پوش نوجوان اس کے پیچھے۔ نوجوان کی مٹھی میں تین چھریاں تھیں جن کے پھل ایک دوسرے کے دستے میں پیوست تھے۔ یہ چھریاں اس غرض سے تھیں کہ اگر پادشاہ امیر کی پیش کردہ تجویز منظور نہ کرے تو انہیں بطور مقابلہ کی علامت کے پیش کر دیا جائے۔ نوجوان کے پیچھے ایک دوسرا

نوجوان تھا۔ اس کے بازو پر ایک چادر لپٹی ہوئی تھی۔ یہ اس غرض سے تھی کہ اگر پادشاہ سفارت کا مطالبہ منظور کرنے سے انکار کردے تو یہ چادر اس کے کفن کے لیے پیش کر دی جائے (یعنی اسے متنبہ کر دیا جائے کہ اب اس کی موت ناگزیر ہے)"۔

امیر نے پادشاہ سے کہا "میرے آقا نے مجھے اِس لیے بھیجا ہے کہ میں آپ سے پوچھوں۔ آپ اِنہیں جانتے ہیں یا نہیں؟ پادشاہ نے کہا میں نے ان کا ذکر سنا ہے۔ امیر نے کہا پھر یہ کیا بات ہے کہ آپ نے اِس وقت تک انہیں اپنے خزانے کے بہترین تحفے نہیں بھیجے، جس طرح جرمنی کے شہنشاہ، ہنگری کے پادشاہ، "بابل" کے سُلدان (سلطان) اور دوسرے سلاطین انہیں سال بسال بھیجتے رہتے ہیں؟ ان تمام پادشاہوں کو اچھی طرح معلوم ہے کہ ان کی زندگیاں میرے آقا کی مرضی پر موقوف ہیں۔ وہ جب چاہے، اِن کی زندگیوں کا خاتمہ کرادے سکتا ہے۔"

اس مکالمہ میں شہنشاہِ جرمنی اور شاہِ ہنگری کے سال بسال تحائف و نذور کا حوالہ دیا گیا ہے۔ اِس سے معلوم ہوتا ہے کہ انہوں نے صرف ایک ہی مرتبہ اپنے زمانہ ورودِ فلسطین میں تحفے نہیں بھیجے تھے بلکہ ہر سال بھیجتے رہتے تھے۔ "سلدانِ بابلی" سے مقصود سلطانِ مصر ہے۔ کیونکہ صلیبی زمانے کے فرنگی عام طور پر قاہرہ کو "بابل" کے

نام سے پکارتے تھے اور خیال کرتے تھے کہ جس بابل کا ذکر کتبِ مقدسہ میں آیا ہے، وہ یہی شہر ہے۔ چنانچہ اس دَور کی تمام رزمیہ نظموں میں بار بار "بابل" کا نام آتا ہے۔ ایک صلیبی نائٹ کا سب سے بڑا کارنامہ یہ سمجھا جاتا ہے کہ وہ کافروں کو رگیدتا ہوا ایسے مقام تک چلا گیا جہاں سے "بابل" کے سر بفلک منارے صاف دکھائی دیتے ہیں۔

اس کے بعد ژواین ویل لکھتا ہے کہ اُس زمانہ میں شیخ الجبال ٹمپل اور ہاسپٹل کو ایک سالانہ رقم بطورِ خراج کے دیا کرتا تھا کیونکہ ٹمپلر اور ہاسپٹلر اس کے قاتلانہ حملوں سے بالکل نڈر تھے اور وہ اِنہیں کچھ نقصان نہیں پہنچا سکتا تھا۔ شیخ الجبال کے سفیر نے کہا کہ "اگر پادشاہ میرے آقا کی فرمائش کی تعمیل نہیں کرنا چاہتا تو پھر یہی کرے کہ جو خراج ٹمپل کو ادا کیا جاتا ہے، اُس سے میرے آقا کو بری الذّمہ کرا دے۔" پادشاہ نے یہ پورا معاملہ ٹمپلرس کے حوالے کر دیا۔ ٹمپلرس نے دوسرے دن سفیر کو بلایا اور کہا، تمہارے آقا نے بڑی غلطی کی ہے کہ اس طرح کا گستاخانہ پیغام پادشاہِ فرانس کو بھیجا۔ اگر پادشاہ کے احترام سے ہم مجبور نہ ہوتے جس کی حفاظت تمہیں یہ حیثیت سفیر کے حاصل ہے۔ تو ہم تمہیں پکڑ کے سمندر کی موجوں کے حوالے کر دیتے۔ بہر حال اب ہم تمہیں حکم دیتے ہیں کہ یہاں سے فوراً رخصت ہو جاؤ اور پھر پندرہ دن کے اندر

الموت سے واپس آؤ۔ لیکن اس طرح واپس آؤ کہ ہمارے پادشاہ کے نام ایک دوستانہ خط اور قیمتی تحائف تمہارے ساتھ ہوں۔ اِس صورت میں پادشاہ تمہارے آقا سے خوشنود ہو جائے گا اور ہمیشہ کے لیے اِس کی دوستی تمہیں حاصل ہوائے گی۔"

چنانچہ سفیر اس حکم کی تعمیل میں فوراً رخصت ہو گئے اور ٹھیک پندرہ دن کے اندر شیخ کا دوستانہ خط اور قیمتی تحائف لے کر واپس ہوئے۔

ژواین ویل کی روایت کا یہ حصہ محلِ نظر ہے اور عرب مؤرخوں کی تصریحات اس کا ساتھ نہیں دیتیں۔ ہمیں معلوم ہے کہ صلیبی جماعتیں اپنے عروج واقتدار کے زمانے میں مجبور ہوئی تھیں کہ اپنی جانوں کی سلامتی کے لیے شیخ الجبال کو نذرانے بھیجتی رہیں حتیٰ کہ فریڈرک ثانی نے بھی ضروری سمجھا تھا کہ اس طرح کی رسم وراہ قائم رکھے۔ پھر یہ بات کسی طرح سمجھ میں نہیں آسکتی کہ ۱۲۵۱ء میں جبکہ صلیبیوں کی تمام طاقت کا خاتمہ ہو چکا تھا اور وہ فلسطین کے چند ساحلی مقامات میں ایک محصور و مقہور گروہ کی مایوس زندگی بسر کر رہے تھے، کیوں اچانک صورتِ حال منقلب ہو جائے اور شیخ الجبال ٹمپلروں سے خراج لینے کی جگہ خراج دینے پر مجبور ہو جائے؟ اِتنا ہی نہیں، بلکہ اِن تباہ حال ٹمپلروں سے اس درجہ خوف زدہ ہو کہ ان کے حاکمانہ احکام کی بلاچون وچرا تعمیل کر دے؟

جو بات قرینِ قیاس معلوم ہوتی ہے، وہ یہ ہے کہ ٹمپلروں اور ہاسپٹلروں کے تعلقات شیخ الجبال سے قدیمی تھے، اور اس وابستگی کی وجہ سے ہر طرح کی ساز باز اس کے کارندوں کے ساتھ کرتے رہتے تھے۔ شیخ الجبال نے جب لوئس کی آمد کا حال سنا اور یہ بھی سنا کہ اس نے ایک گرانقدر فدیہ دے کر سلطانِ مصر کی قید سے رہائی حاصل کی ہے، تو حسبِ معمول اسے مرعوب کرنا چاہا اور اپنے سفیر قاتلانہ حملوں کے مرموز پیاموں کے ساتھ بھیجے۔ لوئس کو معلوم ہو چکا تھا کہ ٹمپلروں سے شیخ کے پرانے تعلقات ہیں۔ اُس نے معاملہ اُن کے سپرد کر دیا، اور انہوں سے بیچ میں پڑ کر دونوں کے درمیان دوستانہ علاقہ قائم کرا دیا۔ پھر طرفین سے تحائف ایک دوسرے کے بھیجے گئے اور دوستانہ خط و کتابت جاری ہو گئی۔ عرب مؤرخوں کی تصریحات سے بھی صورت حال کا ایک ایسا ہی نقشہ سامنے آتا ہے۔ وہ لکھتے ہیں کہ شیخ الجبال اور صلیبیوں کے باہمی تعلقات اس درجہ بڑھے ہوئے تھے کہ صلیبیوں نے کئی بار اس کے فدائیوں کے ذریعہ بعض سلاطینِ اسلام کو قتل کرانا چاہا۔

لیکن پھر ژواین ویل کے بیان کی کیا توجیہ کی جائے؟

معاملہ دو حالتوں سے خالی نہیں۔ ممکن ہے کہ ٹمپلروں نے حقیقتِ حال مخفی رکھی ہو، اور شیخ الجبال کے طرزِ عمل کی تبدیلی کو اپنے فرضی اقتدار و تحکم کی طرف منسوب کر دیا

ہو۔ اس لیے ژواین ویل پر اصلیت نہ کھل سکی اور جو کچھ اس نے سنا تھا، یادداشت میں لکھ دیا۔ یا پھر ماننا پڑے گا کہ خود ژواین ویل کی دینی اور قومی عصبیت بیان حقیقت میں حائل ہو گئی۔ اور اس نے صلیبیوں کا غیر معمولی تفوّق اور اقتدار دکھانے کے لیے اصل واقعہ کو یک قلم اُلٹ دیا۔ ژواین ویل نے صلیبیوں نے کی شکستوں کی سرگزشت جس بے لاگ صفائی کے ساتھ قلم بند کی ہے، اُسے پیشِ نظر رکھتے ہوئے غالباً قریب صواب پہلی ہی صُورت ہو گی۔

اس روایت کی کمزوری اِس بات سے بھی نکلتی ہے کہ ٹمپلروں کی نسبت بیان کیا گیا ہے کہ اُنھوں نے سفیروں سے کہا پندرہ دنوں کے اندر شیخ کا جواب لے کر واپس ہو۔ یعنی سات دِن جانے میں صَرف کرو سات دن واپس آنے میں۔ یہ ظاہر ہے کہ اس زمانے میں عکہ اور الموت کی باہمی مُسافت سات دن کے اندر طے نہیں کی جا سکتی تھی۔ مستوفی نے نزہۃ القلوب میں اُس عہد کی منزلوں کا جو نقشہ کھینچا ہے۔ اس سے ہمیں معلوم وہ چکا ہے کہ شمالی ایران کے قافلے بیت المقدس تک کی مسافت دو ماہ سے کم میں طے نہیں کر سکتے تھے۔ اور الموت تک پہنچنے کے لیے تو ایران سے بھی آگے کی مزید مُسافت طے کرنی پڑتی ہو گی۔ ہاں برید یعنی گھوڑوں کی ڈاک کے ذریعہ کم

مدت میں آمد و رفت ممکن ہوگی لیکن سفیروں کا برید کے ذریعہ سفر کرنا مستبعد معلوم ہوتا ہے۔

ژواین ویل لکھتا ہے شیخ الجبال نے لوئس کو جو تحفے بھیجے تھے، ان میں بلور کا تراشا ہوا ایک ہاتھی اور ایک جی راف (Giraffe) یعنی زرافہ بھی تھا نیز بلور کے سیب اور شطرنج کے مہرے تھے۔ یہ اسی طرح کی بلوری مصنوعات ہوں گی جن کی نسبت بیان کیا گیا ہے کہ الموت کا باغِ بہشت اِن سے آراستہ کیا گیا تھا۔ بلوری مصنوعات مغربی ایشیا میں پہلے چین سے آتی تھیں۔ پھر عرب صنّاع بھی بنانے لگے تھے۔

اس کے بعد اُس سفارت کا حال ملتا ہے جو لوئس نے شیخ الجبال کے پاس بھیجی تھی۔ اس سفارت میں بھی ہمارا پرانا دوست لابریتاں بور مترجم کے نمایاں ہے اور اس کی زبانی شیخ کا ایک مکالمہ نقل کیا گیا ہے۔ لیکن پورا مکالمہ بعید از قیاس باتوں پر مبنی ہے اور قابلِ اعتنا نہیں۔ بعض حصے صریح بناوٹی معلوم ہوتے ہیں۔ یا سر تا سر غلط فہمیوں سے وجود پذیر ہوئے ہیں۔ مثلاً شیخ الجبال نے سینٹ پیٹر (پطرس) کی تقدیس کی اور کہا "ہابیل کی روح نوح میں آئی، نوح کے بعد ابراہیم میں، اور پھر ابراہیم سے پیٹر میں منتقل ہوئی۔ اس وقت جبکہ "خدا زمین پر نازل ہوا تھا" (یعنی حضرت مسیح کا ظہور ہوا تھا!)۔

ممکن ہے کہ شیخ نے یہ بات ظاہر کرنے کے لیے کہ وہ حضرت مسیح کا منکر نہیں ہے یہ کہا ہو کہ وحی الٰہی کا ظہور پچھلے نبیوں میں ہوا تھا، اُسی کا ظہور حضرت مسیح میں ہوا اور لا بریتاں نے اِسے دوسرا رنگ دے دیا۔

ژواین ویل شیعہ سنی اختلاف سے واقف ہے، لیکن اُس کی تشریح یُوں کرتا ہے :

"شیعہ محمد ﷺ کی شریعت پر نہیں چلتے۔ علی کی شریعت پر چلتے ہیں۔ علی محمد ﷺ کا چچا تھا۔ اسی نے محمد ﷺ کو عزت کی مسند پر بٹھایا۔ لیکن جب محمد ﷺ نے قوم کی سرداری حاصل کر لی تو اپنے چچا کو حقارت کی نظر سے دیکھنے لگا اور اس سے الگ ہو گیا۔ یہ حال دیکھ کر علی نے کوشش کی کہ جتنے آدمی اپنے گرد جمع کر سکتا ہے جمع کر لے اور پھر انہیں محمد ﷺ کے دین کے علاوہ ایک دوسرے دین کی تعلیم دے۔ چنانچہ اِس اختلاف کا نتیجہ یہ نکلا کہ جو لوگ اب علی کی شریعت پر عامل ہیں، وہ محمد ﷺ کے ماننے والوں کو بے دین سمجھتے ہیں۔ اِسی طرح پیروانِ علی کو بے دین کہتے ہیں۔"

پھر لکھتا ہے :

"جب لا بریتاں شیخ الجبال کے پاس گیا تو اُسے معلوم ہوا کہ شیخ، محمد ﷺ پر اعتقاد نہیں رکھتا۔ علی کی شریعت ماننے والا ہے۔"

ژواین ویل کا یہ بیان تمام تر اُن خیالات سے ماخوذ ہے، جو اس عہد کے کلیسائی حلقوں میں عام طور پر پھیلے ہوئے تھے، اور پھر صدیوں تک یورپ میں نسلاً بعد نسل ان کی اشاعت ہوتی رہی۔ یہ بیانات کتنے ہی غلط ہوں، تاہم ان بیانات سے تو بہر حال غنیمت ہیں جو صلیبی حملہ کے ابتدائی دور میں ہر کلیسائی واعظ کی زبان پر تھے مثلاً یہ بیان کہ "موہامت" (Mohamet) ایک سونے کا خوفناک بت ہے جس کی مسلمان پوجا کرتے ہیں۔ چنانچہ فرانسیسی اور تلیانی (اٹالین) زبان کے قدیم ڈراموں میں تروا گاں (Tervagant) اور (Trivigante) کو مسلمانوں کے ایک ہولناک بت کی حیثیت سے پیش کیا جاتا تھا۔ یہی لفظ قدیم انگریزی میں آکر ٹروے گینٹ (Tervgant) بن گیا، اور اب ٹرمے گینٹ (Termagant) ایسی عورت کے لیے بولنے لگے ہیں جو وحشیانہ اور بے لگام مزاج رکھتی ہو۔

ایک سوال یہ پیدا ہوتا ہے کہ یہ شیخ الجبال کون تھا؟ یہ زمانہ تقریباً ۶۴۹ھ کا زمانہ تھا۔ اس کے تھوڑے عرصہ بعد تاتاریوں کی طاقت مغربی ایشیا میں پھیلی، اور انہوں نے ہمیشہ کے لیے اس پراسرار مرکز کا خاتمہ کر دیا۔ پس غالباً یہ آخری شیخ الجبال خورشاہ ہو گا۔ یہاں کتابیں موجود نہیں اس لیے قطعی طور پر نہیں لکھ سکتا۔

صلیبی جہاد نے ازمنہ وسطیٰ کے یورپ کو مشرق وسطیٰ کے دوش بدوش کھڑا کر دیا تھا۔ یورپ اُس عہد کے مسیحی دماغ کی نمائندگی کرتا تھا۔ مشرق وسطیٰ مسلمانوں کے دماغ کی، اور دونوں کی متقابل حالت سے اِن کی متضاد نوعیتیں آشکارا ہو گئی تھیں۔ یورپ مذہب کے مجنونانہ جوش کا علم بردار تھا۔ مسلمان علم و دانش کے علمبردار تھے۔ یورپ دعاؤں کے ہتھیار سے لڑنا چاہتا تھا۔ مسلمان لوہے اور آگ کے ہتھیاروں سے لڑتے تھے۔ یورپ کا اعتماد صرف خدا کی مدد پر تھا۔ مسلمانوں کا خدا کی مدد پر بھی تھا۔ لیکن خدا کے پیدا کیے ہوئے سر و سامان پر بھی تھا۔ ایک صرف روحانی قوتوں کا معتقد تھا۔ دوسرے نے نتائجِ عمل کے ظہور کا۔ معجزے ظاہر نہیں ہوئے، لیکن نتائجِ عمل نے ظاہر ہو کر فتح و شکست کا فیصلہ کر دیا۔

ژواین ویل کی سرگزشت میں بھی یہ تضاد تقابل ہر جگہ نمایاں ہے۔ جب مصری فوج نے منجنیقوں (Petrays) کے ذریعہ آگ کے بان پھینکنے شروع کیے تو فرانسیسی جن کے پاس پرانے دستی ہتھیاروں کے سوا کچھ نہ تھا، بالکل بے بس ہو گئے۔ ژواین ویل اس سلسلے میں لکھتا ہے :

"ایک رات جب ہم ان برجیوں پر جو دریا کے راستے کی حفاظت کے لیے بنائی گئی تھیں، پہرہ دے رہے تھے، تو اچانک کیا دیکھتے ہیں کہ مسلمانوں نے ایک انجن جسے

پٹریری (یعنی منجنیق) کہتے ہیں، لاکر نصب کر دیا اور اس سے ہم پر آگ پھینکنے لگے۔ یہ حال دیکھ کر میرے لارڈ والر نے جو ایک اچھا نائٹ تھا، ہمیں یوں مخاطب کیا "اس وقت ہماری زندگی کا سب سے بڑا خطرہ پیش آگیا ہے۔ کیونکہ اگر ہم نے ان برجیوں کو نہ چھوڑا اور مسلمانوں نے اِن میں آگ لگا دی تو ہم بھی برجیوں کے ساتھ جل کر خاک ہو جائیں گے۔ لیکن اگر ہم برجیوں کو چھوڑ کر نکل جاتے ہیں تو پھر ہماری بے عزتی میں کوئی شبہ نہیں۔ کیونکہ ہم ان کی حفاظت پر مامور کیے گئے تھے۔ ایسی حالت میں خدا کے سوا کوئی نہیں جو ہمارا بچاؤ کر سکے۔ میرا مشورہ آپ سب لوگوں کو یہ ہے کہ جونہی مسلمان آگ کے بان چلائیں، ہمیں چاہیے کہ گھٹنے کے بل جھک جائیں اور اپنے نجات دہندہ خداوند سے دعا مانگیں کہ اس مصیبت میں ہماری مدد کرے۔ چنانچہ سب نے ایسا ہی کیا۔ جیسے ہی مسلمانوں کا پہلا بان چلا۔ ہم گھٹنوں کے بل جھک گئے اور دعا میں مشغول ہو گئے۔ یہ بان اتنے بڑے ہوتے تھے، جیسے شراب کے پیپے، اور آگ کا شعلہ جو اِن سے نکلتا تھا، اُس کی دُم اتنی لمبی ہوتی تھی جیسے ایک بہت بڑا نیزہ۔ جب یہ آتا تو ایسی آواز نکلتی جیسے بادل گرج رہے ہوں، اس کی شکل ایسی دکھائی دیتی جیسے ایک آتشیں اژدہا ہوا میں اُڑ رہا ہو۔ اِس کی روشنی نہایت تیز تھی۔ چھاؤنی کے تمام حصے اس طرح اُجالے میں آجاتے جیسے دِن نکل آیا ہو۔"

اس کے بعد خود لوئس کی نسبت لکھتا ہے :

"ہر مرتبہ جب بان چھوٹنے کی آواز ہمارا ولی صفت پادشاہ سنتا تھا، تو بستر سے اٹھ کھڑا ہوتا تھا اور روتے ہوئے ہاتھ اٹھا اٹھا کر نجات دہندہ سے التجائیں کرتا۔ مہربان مولیٰ! میرے آدمیوں کی حفاظت کر! میں یقین کرتا ہوں کہ ہمارے پادشاہ کی اِن دعاؤں نے ہمیں ضرور فائدہ پہنچایا۔"

لیکن فائدہ کا یہ یقین خوش اعتقادانہ وہم سے زیادہ نہ تھا۔ کیونکہ بالآخر کوئی دُعا بھی سُود مند نہ ہوئی اور آگ کے بانوں نے تمام برجیوں کو جلا کر خاکستر کر دیا۔

یہ حال تو تیرھویں صدی مسیحی کا تھا۔ لیکن چند صدیوں کے بعد جب پھر یورپ اور مشرق کا مقابلہ ہوا، تو اب صورت حال یکسر اُلٹ چکی تھی۔ اب بھی دونوں جماعتوں کے متضاد خصائص اسی طرح نمایاں تھے، جس طرح صلیبی جنگ کے عہد میں رہے تھے۔ لیکن اتنی تبدیلی کے ساتھ کہ جو دماغی جگہ پہلے یورپ کی تھی، وہ اب مسلمانوں کی ہو گئی تھی اور جو جگہ مسلمانوں کی تھی، اسے اب یورپ نے اختیار کر لیا تھا۔

اٹھارویں صدی کے اواخر میں جب نپولین نے مصر پر حملہ کیا تو مراد بک نے جامع ازہر کے علماء کو جمع کر کے ان سے مشورہ کیا تھا کہ اب کیا کرنا چاہیے۔ علماء ازہر نے بالاتفاق یہ رائے دی تھی کہ جامع ازہر میں صحیح بخاری کا ختم شروع کر دینا چاہیے کہ

انجاحِ مقاصد کے لیے تیر بہدف ہے۔ چنانچہ ایسا ہی کیا گیا لیکن ابھی صحیح بخاری کا ختم، ختم نہیں ہوا تھا کہ اہرام کی لڑائی نے مصری حکومت کا خاتمہ کر دیا۔ شیخ عبد الرحمن الجبرتی نے اس عہد کے چشم دید حالات بیان کیے ہیں اور بڑے ہی عبرت انگیز ہیں۔ انیسویں صدی کے اوائل میں جب روسیوں نے بخارا کا محاصرہ کیا تھا تو امیرِ بخارا نے حکم دیا کہ تمام مدرسوں اور مسجدوں میں ختم خواجگان پڑھا جائے۔ اُدھر روسیوں کی قلعہ شکن توپیں شہر کا حصار منہدم کر رہی تھیں۔ اِدھر لوگ ختمِ خواجگان کے حلقوں میں بیٹھے، "یا مقلب القلوب یا محوّل الاحوال" کے نعرے بلند کر رہے تھے۔ بالآخر وہی نتیجہ نکلا جو ایک ایسے مقابلہ کا نکلنا تھا۔ جس میں ایک طرف گولہ بارود ہو، دوسری طرف ختم خواجگان!

دُعائیں ضرور فائدہ پہنچاتی ہیں مگر اُنہی کو پہنچاتی ہیں جو عزم و ہمت رکھتے ہیں۔ بے ہمتوں کے لیے تو وہ ترکِ عمل اور تعطلِ قویٰ کا حیلہ بن جاتی ہیں۔

ژواین ویل نے اس آتش فشانی کو "یونانی آگ" (Greek fire) سے تعبیر کیا ہے اور اسی نام سے اس کی یورپ میں شہرت ہوئی۔ غالباً اس کی وجہ تسمیہ یہ تھی کہ جس مواد سے یہ آگ بھڑکتی تھی، وہ قسطنطنیہ میں صلیبیوں نے دیکھا تھا اور اس لیے اسے یونانی آگ سے پکارنے لگے تھے۔

آتش فشانی کے لیے روغنِ نفط یعنی مٹی کا تیل کام میں لایا جاتا تھا۔ مٹی کے تیل کا یہ پہلا استعمال ہے جو عربوں نے کیا۔ آذربائیجان کے تیل کے چشمے اُس زمانے میں بھی مشہور تھے۔ وہیں سے یہ تیل شام اور مصر میں لایا جاتا تھا۔ ابنِ فضل اللہ اور نویری نے اِس کے استعمال کا مفصل حال لکھا ہے۔

آتش فشانی کے لیے دو طرح کی مشینیں کام میں لائی جاتی تھیں۔ ایک تو منجنیق کی قسم کی تھی جو پتھروں کے پھینکنے کے لیے ایجاد ہوئی تھی۔ دوسری، ایک طرح کا آلہ کمان کی شکل کا تھا اور توپ کی بیڑیوں کی طرح زمین میں نصب کر دیا جاتا تھا۔ اس کی مار منجنیق سے بھی زیادہ دور تک پہنچتی تھی۔ ژواین ویل نے پہلے کو (Petray) سے اور دوسرے کو (Swivel Crossbow) سے موسوم کیا ہے۔ 'منجنیق' کا لفظ اسی یونانی لفظ کی تعریب ہے جس سے انگریزی کا (Mechanic) فرانسیسی کا (Mechnicus) اور جرمن کا (Mechankus) نکلا ہے۔ یہ آلہ عربوں نے رومیوں اور ایرانیوں سے لیا تھا لیکن دوسرا خود عربوں کی ایجاد تھا۔ چنانچہ اسے عربی میں "مدفع" کہتے تھے۔ یعنی پھینکنے والا آلہ، یہی "مدفع" بعد کو توپ کے لیے بولا جانے لگا۔

عربی میں مٹی کے تیل کے لیے "نفط" کا لفظ مستعمل ہوا، یہی "نفط" ہے جس نے یورپ کی زبانوں میں (Naphthlene - Naphtha) وغیرہ کی شکل اختیار کر لی ہے۔

ابوالکلام

خط نمبر ۱۵

قلعۂ احمد نگر

۱۷ دسمبر ۱۹۴۲ء

صدیقِ مکرم

وقت وہی ہے مگر افسوس، وہ چائے نہیں ہے جو طبعِ شورش پسند کو سر مستیوں کی اور فکرِ عالم آشوب کو آسودگیوں کی دعوت دیا کرتی تھی۔

پھر دیکھیے اندازِ گل افشانیِ گفتار
رکھ دے کوئی پیمانۂ صہبا مرے آگے

وہ چینی چائے جس کا عادی تھا، کئی دن ہوئے ختم ہو گئی، اور احمد نگر اور پُونا کے بازاروں میں کوئی اس جنسِ گرانمایہ سے آشنا نہیں

یک نالۂ مستانہ زجائے نہ شنیدیم
ویراں شود آں شہر کہ مے خانہ نہ دارد

مجبوراً ہندوستان کی اسی سیاہ پتی کا جوشاندہ پی رہا ہوں جسے تعبیر و تسمیہ کے اس قاعدے کے بموجب کہ :

برعکس نہند نام زنگی کافُور

لوگ چائے کے نام سے پکارتے ہیں، اور دودھ میں ڈال کر اس کا گرم شربت بنایا کرتے ہیں :

درماندۂ صلاح و فسادیم، الحذر
زیں رسم ہا کہ مردمِ عاقل نہادہ اند

اس کارگاہِ سُود و زیاں میں کوئی عشرت نہیں کہ کسی حسرت سے پیوستہ نہ ہو۔ یہاں زلالِ صافی کا کوئی جام نہیں بھرا گیا کہ دُردِ کدُورت اپنی تہہ میں نہ رکھتا ہو۔ بادۂ کامرانی کے تعاقب میں ہمیشہ خمارِ ناکامی لگا رہا، اور خندۂ بہار کے پیچھے ہمیشہ گریۂ خزاں کا شیون

برپا ہوا۔ ابوالفضل کیا خوب کہہ گیا ہے۔ قدحے پُر نہ شد کہ تہی نہ کردند، و صفحہ تمام نہ شد کہ ورق بر نہ گردید:

نیکو نہ بود ہیچ مرادے بہ کمال

چوں صفحہ تمام شد ورق بر گردد

امید ہے، کہ آپ کی "عنبرین چائے" کا ذخیرہ جس کا ایک مرتبہ رمضان میں آپ نے ذکر کیا تھا، اس نایابی کی گزند سے محفوظ ہوگا:

امید کہ چوں بندہ تنک مایہ نہ باشی

مے خوردن ہر روزہ زعاداتِ کرام است

معلوم نہیں، کبھی اس مسئلہ کے دقائق و معارف پر بھی آپ کی توجہ مبذول ہوئی ہے یا نہیں؟ اپنی حالت کیا بیان کروں؟ واقعہ یہ ہے کہ وقت کے بہت سے مسائل کی طرح اس معاملہ میں بھی طبیعت کبھی سوادِ اعظم کے مسلک سے متفق نہ ہو سکی۔ زمانے کی بے راہ رویوں کا ہمیشہ ماتم گسار رہنا پڑا:

ازاں کہ پیروِ ے خلق گمرہی آرد

نہ می رویم بہ راہے کہ کارواں رفتہ ست

چائے کے باب میں ابنائے زمانہ سے میرا اختلاف صرف شاخوں اور پتوں کے معاملہ ہی میں نہیں ہوا کہ مفاہمت کی صورت نکل سکتی بلکہ سرے سے جڑ میں ہوا یعنی اختلاف فرع کا نہیں، اصل الاصول کا ہے :

دہن کا ذکر کیا، یاں سر ہی غائب ہے گریباں سے

سب سے پہلا سوال چائے کے بارے میں خود چائے کا پیدا ہوتا ہے۔ میں چائے کو چائے کے لیے پیتا ہوں، لوگ شکر اور دودھ کے لیے پیتے ہیں۔ میرے لیے وہ مقاصد میں داخل ہوئی، ان کے لیے وسائل میں۔ غور فرمائیے۔ میرا رخ کس طرف ہے اور زمانہ کدھر جا رہا ہے ؟

تو و طوبےٰ و ما و قامتِ یار
فکرِ ہر کس بقدرِ ہمتِ اوست

چائے چین کی پیداوار ہے اور چینیوں کی تصریح کے مطابق پندرہ سو برس سے استعمال کی جا رہی ہے لیکن وہاں کبھی کسی کے خواب و خیال میں بھی یہ بات نہیں گزری کہ اس جوہرِ لطیف کو دودھ کی کثافت سے آلودہ کیا جا سکتا ہے۔ جن جن ملکوں میں چین سے براہ راست گئی مثلاً روس، ترکستان، ایران۔ وہاں کبھی بھی کسی کو یہ خیال نہیں گزرا۔ مگر سترھویں صدی میں جب انگریز اس سے آشنا ہوئے تو نہیں معلوم ان لوگوں کو کیا

سوجھی، انہوں نے دودھ ملانے کی بدعت ایجاد کی۔ اور چونکہ ہندوستان میں چائے کا رواج انہی کے ذریعے ہوا اس لیے یہ بدعتِ سیئہ یہاں بھی پھیل گئی۔ رفتہ رفتہ معاملہ یہاں تک پہنچ گیا کہ لوگ چائے میں دودھ ڈالنے کی جگہ دودھ میں چائے ڈالنے لگے۔ بنیاد ظلم درجہاں اندک بود۔ ہر کہ آمد براں مزید کرد۔ اب انگریز تو یہ کہہ کر الگ ہو گئے کہ زیادہ دودھ نہیں ڈالنا چاہیے، لیکن ان کے تخمِ فساد نے جو برگ و بار پھیلا دیے ہیں، انہیں کون چھانٹ سکتا ہے؟ لوگ چائے کی جگہ ایک طرح کا سیال حلوہ بناتے ہیں۔ کھانے کی جگہ پیتے ہیں، اور خوش ہوتے ہیں کہ ہم نے چائے پی لی۔ ان نادانوں سے کون کہے کہ:

ہائے کمبخت، تو نے پی ہی نہیں

پھر ایک بنیادی سوال چائے کی نوعیت کا بھی ہے، اور اس بارے میں ایک عجیب عالمگیر غلط فہمی پھیل گئی ہے۔ کس کس سے جھگڑیے اور کس کس کو سمجھائیے

روز و شب عربدہ با خلقِ خدا نہ تواں کرد

عام طور پر لوگ ایک خاص طرح کی پتی کو جو ہندوستان اور سیلون میں پیدا ہوتی ہے، سمجھتے ہیں چائے ہے، اور پھر اس کی مختلف قسمیں کر کے ایک کو دوسرے پر ترجیح دیتے ہیں اور اس ترجیح کے بارے میں باہم ردّ و کد کرتے ہیں۔ ایک گروہ کہتا ہے

سیلون کی چائے بہتر ہے۔ دوسرا کہتا ہے، دارجلنگ کی بہتر ہے، گویا یہ بھی وہ معاملہ ہوا کہ :

دررہِ عشق نہ شد کس بہ یقیں محرم راز
ہر کسے بر حسبِ فہم گمانے دارد

حالانکہ ان فریب خوردگانِ رنگ و بو کو کون سمجھائے کہ جس چیز پر جھگڑ رہے ہیں، وہ سرے سے چائے ہے ہی نہیں :

چوں نہ دیدند حقیقت رہِ افسانہ زدند

دراصل یہ عالمگیر غلطی اس طرح ہوئی کہ انیسویں صدی کے اوائل میں جب چائے کی مانگ ہر طرف بڑھ رہی تھی ہندوستان کے بعض انگریز کاشتکاروں کو خیال ہوا کہ سیلون اور ہندوستان کے بلند اور مرطوب مقامات میں چائے کی کاشت کا تجربہ کریں۔ انہوں نے چین سے چائے کے پودے منگوائے اور یہاں کاشت شروع کی۔ یہاں کی مٹی نے چائے پیدا کرنے سے تو انکار کر دیا مگر تقریباً اسی شکل و صورت کی ایک دوسری چیز پیدا کر دی۔ ان زیاں کاروں نے اسی کا نام چائے رکھ دیا، اور اس غرض سے کہ اصلی چائے سے ممتاز رہے، اسے کالی چائے کے نام سے پکارنے لگے :

غلطی ہائے مضامیں مت پوچھ

لوگ نالہ کو رسا باندھتے ہیں

دنیا جو اس جستجو میں تھی کہ کسی نہ کسی طرح یہ جنس کمیاب ارزاں ہو، بے سوچے بوجھے اسی پر ٹوٹ پڑی اور پھر تو گویا پوری نوعِ انسانی نے اس فریب خوردگی پر اجماع کر لیا۔ اب آپ ہزار سر پیٹیے، سنتا کون ہے :

اسی کی سی کہنے لگے اہلِ حشر

کہیں پرسشِ داد خواہاں نہیں

معاملہ کا سب سے زیادہ درد انگیز پہلو یہ ہے کہ خود چین کے بعض ساحلی باشندے بھی اس عالمگیر فریب کی لپیٹ میں آ گئے اور اسی پتی کو چائے سمجھ کر پینے لگے۔ یہ وہی بات ہوئی کہ بدخشانیوں نے لال پتھر کو لعل سمجھا، اور کشمیریوں نے رنگی ہوئی گھانس کو زعفران سمجھ کر اپنی دستاریں رنگنی شروع کر دیں :

چو کفر از کعبہ برخیزد کجا ماند مسلمانی!

نوعِ انسانی کی اکثریت کے فیصلوں کا ہمیشہ ایسا ہی حال رہا ہے۔ جمعیت بشری کی یہ فطرت ہے کہ ہمیشہ عقلمند آدمی اکا دکا ہوگا۔ بھیڑ بے وقوفوں ہی کی رہے گی۔ ماننے پر آئیں گے تو گائے کو خدا مان لیں گے۔ انکار پر آئیں گے تو مسیح کو سُولی پر چڑھا دیں گے۔ حکیم سنائی زندگی بھر ماتم کرتا رہا :

گاؤ را دارند باور در خدائی عامیاں
نوح را باور ندارند از پئے پیغمبری

اسی لیے عرفاء طریق کو کہنا پڑا :

انکار ہے خلق باش، تصدیق اینست
مشغول بہ خویش باش توفیق اینست
تبعیتِ خلق باش از حقت باطل کرد
ترکِ تقلید گیر، تحقیق اینست

یہ تو اصول کی بحث ہوئی۔ اب فروع میں آئیے۔ یہاں بھی کوئی گوشہ نہیں جہاں زمین ہموار ملے۔ سب سے اہم مسئلہ شکر کا ہے۔ مقدار کے لحاظ سے بھی اور نوعیت کے لحاظ سے بھی :

دردا کہ طبیب صبر می فرماید
ویں نفسِ حریص را شکر می باید

جہاں تک مقدار کا تعلق ہے، اسے میری محرومی سمجھیے یا تلخ کامی، کہ مجھے مٹھاس کے ذوق کا بہت کم حصہ ملا ہے۔ نہ صرف چائے میں بلکہ کسی چیز میں بھی زیادہ مٹھاس گوارا نہیں کر سکتا۔ دنیا کے لیے جو چیز مٹھاس ہوئی، وہی میرے لیے بدمزگی ہو گئی۔ کھاتا

ہوں تو منہ کا مزہ بگڑ جاتا ہے۔ لوگوں کو جو لذت مٹھاس میں ملتی ہے، مجھے نمک میں ملتی ہے۔ کھانے میں نمک پڑا ہو مگر میں اوپر سے اور چھڑک دوں گا۔ میں صباحت کا نہیں ملاحت کا قتیل ہوں:

و للناس فی ما یعشقون مذاهبُ

گویا کہہ سکتا ہوں کہ "اخی یوسف اصبح وانا املح منہ" کے مقام کا لذت شناس ہوں۔

گر نکتہ دانِ عشقی، خوش بشنو ایں حکایت

اس حدیث کے تذکرہ نے یارانِ قصص و مواعظ کی وہ خانہ ساز روایت یاد دلا دی کہ "الایمان حلو و المؤمن یحبّ الحلویٰ" (یعنی ایمان مٹھاس ہے اور جو مومن ہے وہ مٹھاس کو محبوب رکھے گا) لیکن اگر مدارج ایمانی کے حصول اور مراتبِ ایقانی کی تکمیل کا یہی معیار ٹھہرا، تو نہیں معلوم اِن تہی دستانِ نقدِ حلاوت کا کیا حشر ہونے والا ہے۔ جن کی محبتِ حلاوت کی ساری پونجی چائے کی چند پیالیوں سے زیادہ نہیں ہوئی اور ان میں بھی کم شکر پڑی ہوئی، اور پھر اس کم شکر پر بھی تاسف کہ نہ ہوتی تو بہتر تھا۔ مولانا شبلی مرحوم کا بہترین شعر یاد آگیا:

دو دل بودن دریں رہِ سخت ترعیبے ست سالک را

خجل ہستم ز کفرِ خود کہ دارد بوئے ایماں ہم

بچوں کا مٹھاس کا شوق ضرب المثل ہے، مگر آپ کو سن کر تعجب ہوگا کہ میں بچپنے میں بھی مٹھاس کا شائق نہ تھا۔ میرے ساتھی مجھے چھیڑا کرتے تھے کہ تجھے نیم کی پتیاں چبانی چاہئیں، اور ایک مرتبہ پسی ہوئی پتیاں کھلا بھی دی تھیں۔

اسی باعث سے دایہ طفل کو افیون دیتی ہے

کہ تا ہو جائے لذت آشنا تلخیِ دَوراں سے

میں نے یہ دیکھ کر کہ مٹھاس کا شائق نہ ہونا نقص سمجھا جاتا ہے، کئی بار بہ تکلف کوشش کی کہ اپنے آپ کو شائق بناؤں، مگر ہر مرتبہ ناکام رہا۔ گویا وہی چندر بھان والی بات ہوئی کہ:

مرا دلے ست بہ کفر آشنا، کہ چندیں بار

بہ کعبہ بردم و بازش برہمن آوردم

بہر حال یہ تو شکر کی مقدار کا مسئلہ تھا، مگر معاملہ اس پر ختم کہاں ہوتا ہے؟

کوتہ نظر ببیں کہ سخن مختصر گرفت

ایک دقیق سوال اس نوعیت کا بھی ہے۔ عام طور پر سمجھا جاتا ہے کہ جو شکر ہر چیز میں ڈالی جا سکتی ہے، وہی چائے میں بھی ڈالنی چاہیے۔ اس کے لیے کسی خاص شکر کا اہتمام ضروری نہیں۔ چنانچہ باریک دانوں کی دوبارہ شکر جو پہلے جاوا اور ماریشس سے

آتی تھی اور اب ہندوستان میں بننے لگی ہے، چائے کے لیے بھی استعمال کی جاتی ہے۔ حالانکہ چائے کا معاملہ دوسری چیزوں سے بالکل مختلف واقع ہوا ہے۔ اسے حلوے پر قیاس نہیں کرنا چاہیے۔ اس کا مزاج اس قدر لطیف اور بے میل ہے کہ کوئی بھی چیز جو خود اسی کی طرح صاف اور لطیف نہ ہوگی فوراً اسے مکدر کر دے گی۔ گویا چائے کا معاملہ بھی وہی ہوا کہ :

نسیمِ صبح جو چھو جائے، رنگ ہو میلا

یہ دوبارہ شکر اگرچہ صاف کیے ہوئے رس سے بنتی ہے مگر پوری طرح صاف نہیں ہوتی۔ اس غرض سے کہ مقدار کم نہ ہو جائے، صفائی کے آخری مراتب چھوڑ دیے جاتے ہیں۔ نتیجہ یہ ہے کہ جونہی اسے چائے میں ڈالیے، معاً اس کا ذائقہ متاثر اور لطافت آلودہ ہو جائے گی۔ اگرچہ یہ اثر ہر حال میں پڑتا ہے، تاہم دودھ کے ساتھ پیجیے تو چنداں محسوس نہیں ہوتا۔ کیونکہ دودھ کے ذائقہ کی گرانی چائے کے ذائقہ پر غالب آ جاتی ہے۔ اور کام چل جاتا ہے، لیکن سادہ چائے پیجیے تو فوراً بول اٹھے گی۔ اس کے لیے ایسی شکر چاہیے جو بلّور کی طرح بے میل اور برف کی طرح شفاف ہو۔ ایسی شکر ڈلیوں کی شکل میں بھی آتی ہے اور بڑے دانوں کی شکل میں بھی۔ میں ہمیشہ بڑے

دانوں کی شفاف شکر کام میں لاتا ہوں، اور اس سے وہ کام لیتا ہوں جو مرزا غالب گلاب سے لیا کرتے تھے :

آسودہ باد خاطر غالب کہ خوئے است

آمیختن بہ بادۂ صافی گلاب را

میرے لیے شکر کی نوعیت کا یہ فرق ویسا ہی محسوس اور نمایاں ہوا، جیسا شربت پینے والوں کے لیے قند اور گڑ کا فرق ہوا۔ لیکن یہ عجیب مصیبت ہے کہ دوسروں کو کسی طرح بھی محسوس نہیں کر سکتا۔ جس کسی سے کہا، اس نے یا تو اسے مبالغہ پر محمول کیا، یا میرا وہم و تخیّل سمجھا۔ ایسا معلوم ہوتا ہے کہ یا تو میرے ہی مُنہ کا مزہ بگڑ گیا ہے یا دنیا میں کسی کے مُنہ کا مزہ درست نہیں۔ یہ نہ بھولیئے کہ بحث چائے کے تکلفات میں نہیں ہے۔ اس کی لطافت و کیفیت کے ذوق و احساس میں ہے۔ بہت سے لوگ چائے کے لیے صاف ڈلیاں اور موٹی شکر استعمال کرتے ہیں، اور یورپ میں تو زیادہ تو ڈلیوں ہی کا رواج ہے، مگر یہ اس لیے نہیں کیا جاتا کہ چائے کے ذائقہ کے لیے یہ کوئی ضروری چیز ہوئی، بلکہ محض تکلّف کے خیال سے کیونکہ اس طرح کی شکر نسبتاً قیمتی ہوتی ہے۔ آپ انہیں معمولی شکر ڈال کر چائے دے دیجیے بے غل و غش پی جائیں گے اور ذائقہ میں کوئی تبدیلی محسوس نہیں کریں گے۔

شکر کے معاملہ میں اگر کسی گروہ کو حقیقت آشنا پایا تو وہ ایرانی ہیں۔ اگرچہ چائے کی نوعیت کے بارے میں چنداں ذی حس نہیں مگر یہ نکتہ انہوں نے پا لیا ہے۔ عراق اور ایران میں عام طور پر یہ بات نظر آئی تھی کہ چائے کے لیے قند کی جستجو میں رہتے ہیں اور اسے معمولی شکر پر ترجیح دیتے تھے، کیونکہ قند صاف ہوتی ہے، اور وہی کام دیتی ہے جو موٹے دانوں کی شکر سے لیا جاتا ہے۔ کہہ نہیں سکتا کہ اب وہاں کیا حال ہے۔

اور اگر "تعرف الاشیاء باضدادہا" کی بنا پر کہ چائے کے معاملہ میں سب سے زیادہ خیرہ مذاق گروہ کون ہوا؟ تو میں بلا تامّل انگریزوں کا نام لوں گا یہ عجیب بات ہے کہ یورپ اور امریکہ میں چائے انگلستان کی راہ سے گئی اور دنیا میں اس کا عالمگیر رواج بھی بہت کچھ انگریزوں ہی کا منّت پذیر ہے، تاہم یہ نزدیکان بے بصر حقیقت حال میں اتنے دُور جا پڑے کہ چائے کی حقیقی لطافت و کیفیت کا ذوق انہیں چھو بھی نہیں گیا۔ جب اس راہ کے اماموں کا یہ حال ہے تو ان کے مقلدوں کا جو حال ہو گا معلوم ہے:

آشنا را حال این ست، وائے بر بیگانۂ

انہوں نے چین سے چائے پینا تو سیکھ لیا مگر اور کچھ سیکھ نہ سکے۔ اول تو ہندوستان اور سیلون کی سیاہ پتی ان کے ذوق چائے نوشی کا منتہائے کمال ہوا۔ پھر قیامت یہ ہے کہ اس میں بھی ٹھنڈا دودھ ڈال کر اسے یک قلم گندہ کر دیں گے۔ مزید ستم ظریفی دیکھیے کہ

اس گندے مشروب کی معیار سنجیوں کے لیے ماہرینِ فن کی ایک پوری فوج موجود رہتی ہے۔ کوئی اِن زیاں کاروں سے پوچھے کہ اگر چائے نوشی سے مقصود انہی پتیوں کو گرم پانی میں ڈال کر پی لینا ہے تو اس کے لیے ماہرینِ فن کی دقیقہ سنجیوں کی کیا ضرورت ہے ؟ جو پتی بھی پانی کو سیاہی مائل کر دے، اور ایک تیز بو پیدا ہو جائے، چائے ہے، اور اس میں ٹھنڈے دودھ کا ایک چمچہ ڈال کر کافی مقدار میں گندگی پیدا کر دی جا سکتی ہے۔ چائے کا ایک ماہرِ فن بھی اس سے زیادہ کیا خاک بتلائے گا؟

ہیں یہی کہنے کو وہ بھی، اور کیا کہنے کو ہیں ؟

اگرچہ فرانس اور براعظم میں زیادہ تر رواج کافی کا ہوا، تاہم اعلیٰ طبقہ کے لوگ چائے کا شوق بھی رکھتے ہیں، اور ان کا ذوق بہر حال انگریزوں سے بدرجہا بہتر ہے۔ وہ زیادہ تر چینی چائے پیئیں گے، اور اگر سیاہ چائے پیئیں گے بھی تو اکثر حالتوں میں بغیر دودھ کے یا لیموں کی ایک قاش کے ساتھ جو چائے کی لطافت کو نقصان نہیں پہنچاتی بلکہ اور نکھار دیتی ہے۔ یہ لیموں کی ترکیب دراصل روس، ترکستان اور ایران سے چلی۔ سمرقند اور بخارا میں عام دستور ہے، کہ چائے کا تیسرا فنجان لیمونی ہو گا۔ بعض ایرانی بھی دَور کا خاتمہ لیمونی ہی پر کرتے ہیں۔ یہ کمبخت دودھ کی آفت صرف انگریزوں کی لائی ہوئی ہے :

سرِ ایں فتنہ زجائیست کہ من می دانم

اب اِدھر اِک اور نئی مصیبت پیش آگئی ہے۔ اب تک تو صرف شکر کی عام قسم ہی کے استعمال کا رونا تھا۔ لیکن اب معاملہ صاف صاف گڑ تک پہنچنے والا ہے۔ ہندوستان قدیم میں جب لوگوں نے گڑ کی منزل سے آگے قدم بڑھانا چاہا تھا تو یہ کیا تھا کہ گُڑ کو کسی قدر صاف کر کے لال شکر بنانے لگے تھے۔ یہ صفائی میں سفید شکر سے منزلوں دور تھی مگر نہ صاف گُڑ سے ایک قدم آگے نکل آئی تھی۔ پھر جب سفید شکر عام طور پر بننے لگی تو اس کا استعمال زیادہ تر دیہاتوں میں محدود رہ گیا۔ لیکن اب پھر دنیا اپنی ترقیِ معکوس میں اُسی طرف لوٹ رہی ہے جہاں سے سیکڑوں برس پہلے آگے بڑھی تھی۔ چنانچہ آج کل امریکہ میں اس لال شکر کی بڑی مانگ ہے۔ وہاں کے اہلِ ذوق کہتے ہیں کافی بغیر اس شکر کے مزہ نہیں دیتی، اور جیسا کہ قاعدۂ مقررہ ہے، اب ان کی تقلید میں یہاں کے اصحابِ ذوق بھی "براؤن شوگر" کی صدائیں بلند کرنے لگے ہیں۔ میری یہ پیشین گوئی لکھ رکھیے کہ عنقریب یہ براؤن شکر کا ہلکا سا پردہ بھی اٹھ جائے گا اور صاف صاف گُڑ کی مانگ ہر طرف شروع ہو جائے گی۔ یارانِ ذوقِ جدید کہیں گے گُڑ کے ڈلے ڈالے بغیر نہ چائے مزہ دیتی ہے نہ کافی۔ فرمائیے، اب اس کے بعد باقی کیا رہ گیا ہے جس کا انتظار کیا جائے؟

وائے گر در پسِ امروز بود فردائے

شکر اور گُڑ کی دنیائیں اس درجہ ایک دوسرے سے مختلف واقع ہوئی ہیں کہ آدمی ایک کا ہو کر پھر دوسرے کے قابل نہیں رہ سکتا۔ میں نے دیکھا ہے کہ جن لوگوں نے زندگی میں دو چار مرتبہ بھی گڑ کھا لیا، شکر کی لطافت کا احساس پھر ان میں باقی نہیں رہا۔ جواہر لال چونکہ مٹھاس کے بہت شائق ہیں، اس لیے گُڑ کا بھی شوق رکھتے ہیں۔ میں نے یہاں ہزار کوشش کی کہ شکر کی نوعیت کا یہ فرق جو میرے لیے اِس درجہ نمایاں ہے، انہیں بھی محسوس کراؤں، لیکن نہ کرا سکا اور بالآخر تھک کے رہ گیا۔

بہر حال زمانہ کی حقیقت فراموشیوں پر کہاں تک ماتم کیا جائے :

کوتہ نہ تواں کرد کہ ایں قصہ دراز است

آئیے، آپ کو کچھ اپنا حال سناؤں۔ اصحابِ نظر کا قول ہے کہ حُسن اور فن کے معاملہ میں حب الوطنی کے جذبہ کو دخل نہیں دینا چاہیے۔

متاعِ نیک، ہر دکان کہ باشد

پر عمل کرنا چاہیے۔ چنانچہ میں بھی چائے کے باب میں شاہدانِ ہند کا نہیں، خوبانِ چین کا معتقد ہوں :

دوائے دردِ دل خوازاں مفرح جوئے

کہ در صراحیِ چینی و شیشہ حلبی ست

میرے جغرافیہ میں اگر چین کا ذکر کیا گیا ہے تو اس لیے نہیں کہ جنرل چنگ کائی شک اور میڈم چنگ وہاں سے آئے تھے، بلکہ اس لیے کہ چائے وہیں سے آتی ہے :

مئے صافی ز فرنگ آید و شاہد ز تتار

ما نہ دانیم کہ بسطامے و بغدادے ہست

ایک مدت سے جس چینی چائے کا عادی ہوں، وہ وہائٹ جیسمین (White Jasmine) کہلاتی ہے۔ یعنی "یاسمین سفید" یا ٹھیٹ اردو میں یوں کہیے کہ "گوری چنبیلی" :

کسے کہ محرم راز صبا ست، می داند

کہ باوجود خزاں، بوئے یاسمن باقی ست

اس کی خوشبو جس قدر لطیف ہے، اُتنا ہی کیف تُند و تیز ہے۔ رنگت کی نسبت کیا کہوں ؟ لوگوں نے آتش سیال کی تعبیر سے کام لیا ہے :

مے میانِ شیشۂ ساقی نگر

آتشے گویا بہ آب آلودہ اند

لیکن آگ کا تخیل پھر ارضی ہے اور اس چائے کی علویت کچھ اور چاہتی ہے۔ میں سورج کی کرنوں کو مٹھی میں بند کرنے کی کوشش کرتا ہوں اور کہتا ہوں کہ یوں سمجھیے، جیسے کسی نے سورج کی کرنیں حل کر کے بلوریں فنجان میں گھول دی ہیں، ملا محمد مازندرانی صاحبِ بت خانہ نے اگر یہ چائے پی ہوتی تو خانخاناں کی خانہ ساز شراب کی مدح میں ہر گز یہ نہ کہتا

نہ می ماند ایں بادہ اصلاً بہ آب

تو گوئی کہ حل کردہ اند آفتاب

لڑائی کی وجہ سے جہازوں کی آمدورفت بند ہوئی تو اس کا اثر چائے پر بھی پڑا۔ میں کلکتہ کے جس چینی اسٹور سے چائے منگوایا کرتا تھا، اس کا ذخیرہ جواب دینے لگا تھا۔ پھر بھی چند ڈبے مل گئے اور بعض چینی دوستوں نے بطور تحفہ کے بھی بھیج کر چارہ سازی کی۔ جب کلکتہ سے نکلا تو ایک ڈبہ ساتھ تھا۔ ایک گھر میں چھوڑ آیا تھا۔ بمبئ سے گرفتار کر کے یہاں لایا گیا تو سامان کے ساتھ وہ بھی آ گیا۔ اور پھر قبل اس کے کہ ختم ہو، گھر والا ڈبہ بھی پہنچ گیا۔ اس طرح یہاں اور چیزوں کی کتنی ہی کمی محسوس ہوئی ہو، لیکن چائے کی کمی محسوس نہیں ہوئی، اور اگر چائے کی کمی محسوس نہیں ہوئی تو نتیجہ یہی نکلتا ہے کہ کسی چیز کی کمی بھی محسوس نہیں ہوئی:

حافظ دگرچہ می طلبی از نعیم دھر؟
مے می خوری و طرّہ دلدار می کشی!

اس کی فکر کبھی نہیں ہوئی کہ یہ آخری ڈبہ چلے گا کب تک؟ کیونکہ خواجہ شیراز کی موعظت ہمیشہ پیشِ نظر رہتی ہے:

تا ساغرت پر است، بنوشان و نوش کُن

یہاں ہمارے زندانیوں کے قافلہ میں اس جنس کا شناسا کوئی نہیں ہے۔ اکثر حضرت دودھ اور دہی کے شائق ہیں اور آپ سمجھ سکتے ہیں کہ دودھ اور دہی کی دنیا چائے کی دنیا سے کتنی دُور واقع ہوئی ہے؟ عمریں گُزر جائیں پھر بھی یہ مُسافت طے نہیں ہو سکتی کہاں چائے کے ذوقِ لطیف کا شہرستانِ کیف و سرور، اور کہاں دودھ اور دہی کی شکم پُری کی نگری!

اک عمر چاہیے کہ گوارا ہو نیشِ عشق
رکھی ہے آج لذتِ زخمِ جگر کہاں؟

جواہر لال بلاشبہ چائے کے عادی ہیں اور چائے پیتے بھی ہیں، خواص یورپ کی ہم مشربی کے ذوق میں بغیر دودھ کی۔ لیکن جہاں تک چائے کی نوعیت کا تعلق ہے شاہراہِ عام سے قدم باہر نہیں نکال سکتے اور اپنی لپچو و پیچو ہی کی قسموں پر قانع رہتے

ہیں۔ ظاہر ہے کہ ایسی حالت میں اِن حضرات کو اس چائے کے پینے کی زحمت دینا نہ صرف بے سُود تھا، بلکہ "وضع الشئ فی غیر محلہٖ" کے حکم میں داخل تھا :

مئے بہ زہاد مکن عرضہ کہ این جوہرِ ناب
پیشِ ایں قوم بہ شورابہٗ زمزم نہ رسد

ان حضرات میں صرف ایک صاحب ایسے نکلے جنھوں نے ایک مرتبہ میرے ساتھ سفر کرتے ہوئے یہ چائے پی تھی اور محسوس کیا تھا، کہ اگرچہ بغیر دودھ کی ہے مگر اچھی ہے۔ یعنی بہتر چیز تو دہی دودھ والا گرم شربت ہوا جو وہ روز پیا کرتے تھے مگر یہ بھی چنداں بری نہیں۔ زمانے کی عالمگیر خیرہ مذاقی دیکھتے ہوئے یہ ان کی صرف "اچھی ہے" کی داد بھی مجھے اتنی غنیمت معلوم ہوئی کہ کبھی کبھی اُنہیں بُلا لیا کرتا تھا کہ آ ئیے، ایک پیالی اس "اچھی ہے" کی بھی پی لیجیے :

عمرت دراز باد کہ ایں ہم غنیمت است

ان کے لیے صرف "اچھی" ہوئی۔ یہاں چائے کا سارا معاملہ ہی ختم ہو جائے اگر یہ "اچھی ہے" ختم ہو جائے۔ غالب کیا خوب کہہ گیا ہے :

زاہد از ما خوشۂ تاکے بہ چشمِ کم مبیں
ہیں، نمی دانی کہ یک پیمانہ نقصان کردہ ایم

مگر ایک ڈبہ کب تک کام دے سکتا تھا؟ آخر ختم ہونے پر آیا۔ چیتہ خان نے یہاں دریافت کرایا۔ پونا بھی لکھا۔ لیکن اس قسم کی چائے کا کوئی سراغ نہیں ملا۔ اب بمبئی اور کلکتہ لکھوایا ہے۔ دیکھیے کیا نتیجہ نکلتا ہے، ایک ہفتہ سے وہی ہندوستانی سیاہ پتی پی رہا ہوں اور مستقبل کی امیدوں پر جی رہا ہوں :

نہ کُنی چارہ لبِ خشک مسلمانے را

اے بہ ترسا بچگان کردہ مے ناب سبیل!

آج کل چینی ہندوستان کے تمام شہروں میں پھیل گئے ہیں اور ہر جگہ چینی ریستوران کھل گئے ہیں۔ چونکہ احمد نگر انگریزی فوج کی بڑی چھاؤنی ہے، اس لیے یہاں بھی ایک چینی ریستوران کھل گیا ہے۔ جیلر کو خیال ہوا کہ ان لوگوں کے پاس یہ چائے ضرور ہو گی۔ اس نے خالی ڈبا بھیج کر دریافت کرایا۔ انہوں نے ڈبا دیکھتے ہی کہا کہ یہ چائے اب کہاں مل سکتی ہے؟ لیکن تمہیں یہ ڈبا کہاں سے ملا؟ اور اس چائے کی یہاں کیا ضرورت پیش آئی؟ کیا چین کا کوئی بڑا آدمی یہاں آ رہا ہے؟ جو وارڈر بازار گیا تھا اُس نے ہر چند باتیں بنائیں مگر ان کو تشفّی نہیں ہوئی۔ دوسرے دن سارے شہر میں یہ افواہ پھیل گئی کہ میڈم چنگ کائی شک قلعہ کے قیدیوں سے ملنے آ رہی ہے، اور اس کے لیے چینی چائے کا اہتمام کیا جا رہا ہے :

بہ بیں نقشِ املہا چہ باطل اُفتادست

چائے کے ڈبے کی تہ میں ہمیشہ کچھ نہ کچھ پتیوں کا چُورا بیٹھ جایا کرتا ہے اور اُسے ڈبے کے ساتھ پھینک دیا کرتے ہیں۔ یہ آخری ڈبا ختم ہونے پر آیا تو تھوڑا سا چُورا اِس کی تہ میں بھی جمع تھا۔ میں نے چھوڑ دیا کہ اسے کیا کام لاؤں۔ لیکن چینیہ خان نے دیکھا تو کہا، آج کل لڑائی کی وجہ سے "ضائع مت کرو" کا نعرہ زبانوں پر ہے، یہ چورا بھی کیوں نہ کام میں لایا جائے؟ میں نے بھی سونچا کہ:

بہ دُردو صاف ترا حکم نیست، دَم درکَش

کہ ہر چہ ساقیٔ ما ریخت عین الطاف است

چنانچہ یہ چُورا بھی کام میں لایا گیا، اور اُس کا ایک ایک ذرّہ دم دے کر پیتا رہا۔ جب فنجان میں چائے ڈالتا تھا، تو ان ذروں کی زبانِ حال پُکارتی تھی:

ہرچند کہ نیست رنگ و بُویم

آخر نہ گیاہِ باغِ اویم!

اس تخیل نے کہ اِن ذرّوں کے ہاتھ سے کیف و سرُور کا جام لے رہاہُوں، توسنِ فکر کی جولانیوں کے لیے تازیانہ کا کام دیا، اور اچانک ایک دوسرے ہی عالم میں پہنچا دیا۔ ہا، مرزا بیدل نے میری زبانی کہا تھا:

اگر دماغم دریں شکستاں خمارِ شرمِ عدم نہ گیرد
زچشمکِ ذرہ جام گیرم بہ آں شکوہے کہ جم نہ گیرد
دریں قلمرو کفِ غبارم، بہ ہیچ کس ہمسری نہ دارم
کمالِ میزانِ اعتبارم بس ست کزذرّہ کم نہ گیرد

اس تجربے کے بعد بے اختیار خیال آیا کہ اگر ہم تشنہ کام کی قسمت میں اب سرجوشِ خُم کی کیفیتیں نہیں رہی ہیں، تو کاش اس تہِ شیشہ ناصاف ہی کے چند گھونٹ مل جایا کریں، غالب نے کیا خوب کہا ہے :

کہتے ہوئے ساقی سے حیا آتی ہے، ورنہ
یُوں ہے کہ مجھے دُردِ تہہِ جام بُہت ہے

شکر کے مسئلہ نے بھی یہاں آتے ہی سر اٹھایا تھا، مگر مجھے فوراً ہی اس کا حل مل گیا، اوراب اس طرف سے مطمئن ہوں۔ موٹے دانوں کی صاف شکر تھوڑی سے میرے سفری سامان میں تھی جو کچھ دنوں تک چلتی رہی۔ جب ختم ہوگئ تو میں نے خیال کیا کہ یہاں ضرور مل جائے گی۔ نہیں ملی توڈلیوں کے بکس توضرور مل جائیں گے۔ لیکن جب بازار میں دریافت کرایا تو معلوم ہوا، امن کے وقتوں میں بھی یہاں اِن چیزوں کی مانگ نہ تھی، اوراب کہ جنگ کی رکاوٹوں نے راہیں روک دی ہیں اِن کا سُراغ کہاں

مل سکتا ہے ؟ مجبوراً مِصری منگوائی اور چاہا کہ اُسے کُٹوا کر شکر کی طرح کام میں لاؤں۔ لیکن کُوٹنے کے لیے ہاون کی ضرورت ہوئی۔ جیلر سے کہا۔ ایک ہاون اور ہاون دستہ منگوا دیا جائے۔ دوسرے دن معلوم ہوا کہ یہاں نہ ہاون ملتا ہے نہ دستہ۔ حیران رہ گیا کہ کیا اِس بستی میں کبھی کسی کو اپنا سر پھوڑنے کی ضرورت پیش نہیں آتی ؟ آخر لوگ زندگی کیسے بسر کرتے ہیں ؟

حدیثِ عشق چہ داند کسے کہ در ہمہ عمر

بہ سر نہ کوفتہ باشد در سرائے را

مجبوراً میں نے ایک دوسری ترکیب نکالی۔ ایک صاف کپڑے میں مصری کی ڈلیاں رکھیں اور بہت سا ردی کاغذ اوپر تلے دھر دیا، پھر ایک پتھر اٹھا کر ایک قیدی کے حوالے کیا، جو یہاں کام کے لیے لایا گیا ہے کہ اپنے سر کی جگہ اسے پِیٹ :

دریں کہ کوہکن از ذوق داد جاں چہ سخن ؟

ہمیں کہ تیشہ بر سر دیر زد، سخن باقی ست

لیکن یہ گرفتارِ آلات و وسائل بھی کچھ ایسا :

سر گشتۂ خمارِ رسُوم و قیود تھا !

کہ ایک چوٹ بھی قرینہ کی نہ لگا سکا۔ مصری تو کُٹنے سے رہی۔ البتہ کاغذ کے پرزے پرزے اڑ گئے اور کپڑے نے بھی اس کے روئے صبح کا نقاب بننے سے انکار کر دیا۔

چلی تھی برچھی کِسی پر، کسی کے آن لگی!

بہر حال کئی دنوں کے بعد خدا خدا کر کے ہاون کا چہرۂ زشت نظر آیا۔ "زشت" اس لیے کہتا ہوں کہ کبھی ایسا انگھڑ ظرف نظر سے نہیں گُذرا تھا۔ آجکل ٹاٹا نے ایک کتاب شائع کی ہے۔ یہ خبر دیتی ہے کہ ہزاروں برس پہلے وسط ہند کے ایک قبیلہ نے ملک کو لوہے اور لوہاری کی صنعت سے آشنا کیا تھا۔ عجب نہیں کہ یہ ہاون بھی اُسی قبیلہ کی دست کاریوں کا بقیہ ہو، اور اس انتظار میں گردشِ لیل و نہار کے دن گِنتا رہا ہوں کہ کب قلعہ احمد نگر کے زندانیوں کا قافلہ یہاں پہنچتا ہے اور کب ایسا ہوتا ہے کہ انہیں سر پھوڑنے کے لیے تیشہ کی جگہ ہاون و دستہ کی ضرورت پیش آتی ہے:

شوریدگی کے ہاتھ سے سر ہے وبالِ دوش

صحرا میں اے خُدا کوئی دیوار بھی نہیں!

خیر کچھ ہو، مصری کوٹنے کی راہ نکل آئی، لیکن اب کُٹی ہوئی مصری موجود ہے، تو وہ چیز موجود نہیں جس میں مصری ڈالی جائے:

اگر دستے کنم پیدا، نہ می یابم گریباں را

دیکھیے، صرف اتنی بات کہنی چاہتا تھا کہ چائے ختم ہو گئی، مگر بائیس صفحے تمام ہو چکے اور ابھی تک بات تمام نہیں ہوئی:

یک حرفِ بیش نیست سراسر حدیثِ شوق
ایں طرفہ ترکہ ہیچ بہ پایاں نمی رسد!

ابوالکلام

خط نمبر ۱۶

قلعہ احمد نگر

۷جنوری ۱۹۴۳ء

صدیق مکرم

وہی صبح چار بجے کا جانفزا وقت ہے۔ سردی اپنے پورے عروج پر ہے۔ کمرہ کا دروازہ اور کھڑکی کھلی چھوڑ دی ہے۔ ہوا کے برفانی جھونکے دم بدم آ رہے ہیں۔ چائے دم دے کے ابھی ابھی رکھی ہے۔ منتظر بیٹھا ہوں کہ پانچ چھ منٹ گزر جائیں اور رنگ و کیف اپنے معیاری درجہ پر آجائے تو دور شروع کروں۔ دو مرتبہ نگاہ گھڑی کی طرف اُٹھ چکی ہے مگر پانچ منٹ ہیں کہ کسی طرح ہونے پر نہیں آتے۔ خواجہ شیراز کا ترانہ صبح گاہی دل و دماغ میں گونج رہا ہے۔ بے اختیار جی چاہتا ہے کہ گنگناؤں مگر

ہمسایوں کی نیند میں خلل پڑنے کا اندیشہ لبوں کو کھلنے کی اجازت نہیں دیتا۔ ناچار نوک قلم کے حوالہ کرتا ہوں:

صبح ست وژالہ می چکد از ابر بہمنی
برگ صبوح ساز و بزن جام یک منی
گر صبحدم خمار ترا درد سر دہد
پیشانی خمار ہوں بہ کہ بشکنی
ساقی، بہوش باش، کہ غم در کمین ماست
مطرب، نگاہ دار ہمیں رہ کہ مے زنی
ساقی بہ بے نیازی یزداں کے مئے بیار
تا بشنوی زصورتِ مغنی "ہوالغنی"

اس علاقے میں عام طور پر سردی بہت ہلکی ہوتی ہے۔ معلوم نہیں، کبھی اس طرف بھی آپ کا گزر ہوا ہے یا نہیں؟ اور اگر ہوا ہے تو کس موسم میں؟ لیکن پونا تو آپ بارہا گئے ہوں گے۔ دسمبر ۱۹۱۵ء کا سفر مجھے یاد ہے، جب مسلم ایجوکیشن کانفرنس کے اجلاس کے موقع پر آپ سے وہاں ملاقات ہوئی تھی۔ پونا یہاں سے صرف اسی میل کی مسافت پر واقع ہے اور دکن کا یہ تمام حصہ ایک ہی سطح مرتفع ہے۔ اس لیے یہاں کی

موسمی حالت کو پونا پر قیاس کر لیجیے۔ علاوہ بریں وقت کے زندانی کچھ پونا میں رکھے گئے ہیں، کچھ یہاں، اس لیے ویسے بھی اہل قیاس کے نزدیک بقول عرفی دونوں کا حکم ایک ہی ہوا:

یکے ست نسبتِ شیرازی و بدخشانی

فیضیؔ کو اکبر نے جب سفارت پر یہاں بھیجا تھا تو معاملات کی پیچیدگیوں نے اسے دو سال تک ملنے نہیں دیا اور یہاں کے ہر موسم کے تجربے کا موقعہ ملا۔ اس نے اپنے مکاتیب میں احمد نگر کی آب و ہوا کے اعتدال کی بہت تعریف کی تھی۔ فیضی سے بہت پہلے کا یہ واقعہ ہے کہ ملک التجار شیرازی نے مولانا جامی کو دکن آنے کی دعوت دی تھی اور لکھا تھا کہ اس ملک میں باہ مہینے ہوائے معتدل کا لطف اُٹھایا جا سکتا ہے۔ خیر بارہ مہینا کہنا تو صریح مبالغہ تھا، مگر اس میں شک نہیں کہ یہاں گرمی کے دن بہت کم ہوتے ہیں اور یہاں کی برسات مالوہ کی برسات کی طرح بہت ہی پر لطف ہوتی ہے۔ غالباً ۱۹۰۵ء کی بات ہے کہ بمبئی میں مرزا فرصت شیرازیؔ صاحب آثارالعجم سے ملنے کا اتفاق ہوا تھا۔ وہ برسات کا موسم پونا میں بسر کر کے لوٹے تھے اور کہتے تھے پونا کی ہوا کے اعتدال نے ہوائے شیراز کی یاد تازہ کر دی:

اے گل بتو خرسندم، تو بوئے کسے داری

میرا ذاتی تجربہ معاملہ کو یہاں تک نہیں لے جاتا لیکن بہرحال میں شیراز میں مسافر تھا اور مرزائے موصوف صاحب البیت تھے۔ و صاحب البیت ادریٰ بما فیہا!

اورنگ زیب جب دکن آیا تھا تو یہاں کے برشگال کا اعتدال اس کی طبع خشک کو بھی تر کیے بغیر نہ رہا تھا۔ آپ نے تاریخ خوافی خاں اور مآثر الامراء وغیرہ میں جا بجا پڑھا ہوگا کہ برسات کا موسم اکثر احمد نگر یا پونا میں بسر کرتا تھا۔ پونا کا نام اس نے "نجی نگر" رکھا تھا مگر زبانوں پر نہیں چڑھا۔ اس کا انتقال احمد نگر ہی میں ہوا تھا۔

جہاں تک اس اعتدال کا تعلق گرمی اور برسات کے موسم سے ہے، اس کے حسن و خوبی میں کلام نہیں۔ مگر مصیبت یہ ہے کہ یہاں کا سردی کا موسم بھی معتدل ہوتا ہے، حالانکہ سردی کا موسم ایک ایسا موسم ہوا کہ اس میں جس قدر بھی زیادتی ہو موسم کا حسن اور زندگی کا عیش ہے۔ اس کی کمی نقص و فتور کا حکم رکھتی ہے، اسے اعتدال کہہ کر سراہا نہیں جا سکتا۔

درماندۂ صلاح و فسادیم الحذر

زیں رسمہا کہ مردم عاقل نہادہ اند

شاید آپ کو معلوم نہیں کہ اوائل عمر سے میری طبیعت کا اس بارے میں کچھ عجیب حال رہا ہے۔ گرمی کتنی ہی معتدل ہو، مگر مجھے بہت جلد پریشان کر دیتی ہے۔ اور

ہمیشہ سرد موسم کا خواستگار رہتا ہوں۔ موسم کی خنکی میرے لیے زندگی کا اصل سرمایہ ہے۔ یہ پونجی ختم ہوئی اور گویا زندگی کی ساری کیفیتیں ختم ہو گئیں۔ چونکہ زندگی بہر حال بسر کرنی ہے۔ اس لیے کوشش کرتا رہتا ہوں کہ ہر موسم سے سازگار رہوں لیکن طبیعت کے اصلی تقاضہ پر غالب نہیں آ سکتا۔ افسوس یہ ہے کہ ہندوستان کا موسم سرما اس درجہ تنگ مایہ ہے کہ ابھی آیا نہیں کہ جانا شروع کر دیتا ہے اور دیکھتے ہی دیکھتے ختم ہو جاتا ہے۔ میری طبع سراسیمہ کے لیے اس صورتحال میں صبر و شکیب کی ایک عجیب آزمائش پیدا ہو گئی ہے۔ جب تک وہ آتا نہیں، اس کے انتظار میں دن کاٹتا ہوں، جب آتا ہے تو اس کی آمد کی خوشیوں میں محو ہو جاتا ہوں لیکن اس کا قیام اتنا مختصر ہوتا ہے کہ ابھی اس کی پذیرائیوں سے سر و برگ سے فارغ نہیں ہوا کہ اچانک ہجران و وداع کا ماتم سر پر آ کھڑا ہوتا ہے۔

ہم چو عیدے کہ در ایام بہار آمد و رفت

میں آپ کو بتلاؤں، میرے تخیل میں عیش زندگی کا سب سے بہتر تصور کیا ہو سکتا ہے؟ جاڑے کا موسم ہو اور جاڑا ابھی قریب درجہ انجماد کا، رات کا وقت ہو، آتشدان میں اونچے اونچے شعلے بھڑک رہے ہوں اور میں کمرے کی ساری مسندیں چھوڑ کر اس کے قریب بیٹھا ہوں اور پڑھنے یا لکھنے میں مشغول ہوں۔

من این مقام بدنیا و عاقبت ندہم

اگرچہ در پیم افتند خلق انجمنے

معلوم نہیں بہشت کے موسم کا کیا حال ہوگا؟ وہاں کی نہروں کا ذکر بہت سننے میں آیا ہے۔ ڈرتا ہوں کہ کہیں گرمی کا موسم نہ رہتا ہو:

سنتے ہیں جو بہشت کی تعریف سب درست

لیکن خدا کرے وہ تری جلوہ گاہ ہو!

عجیب معاملہ ہے میں نے بارہا غور کیا کہ میرے تصور میں آتش دان کی موجودگی کو اتنی اہمیت کیوں مل گئی ہے؟ لیکن کچھ بتلا نہیں سکتا۔ واقعہ یہ ہے کہ سردی اور آتش دان کا رشتہ چولی دامن کا رشتہ ہوا۔ ایک کو دوسرے سے الگ نہیں کر سکتے۔ میں سردی کے موسم کا نقشہ اپنے ذہن میں کھینچ ہی نہیں سکتا اگر آتش دان نہ سُلگ رہا ہو۔ پھر آتش دان کا وہی پرانی روش کا ہونا چاہیے جس میں لکڑیوں کے بڑے بڑے کُندے جلائے جا سکیں۔ بجلی کے ہیٹر سے میری تسکین نہیں ہوتی بلکہ اسے دیکھ کر طبیعت چڑ سی جاتی ہے۔ ہاں گیس کے آتش دان کی ترکیب اتنی بے معنی محسوس نہیں ہوتی کیونکہ پتھر کے ٹکڑے رکھ کر انگاروں کے ڈھیر کی سی شکل بنا دیتے ہیں اور اس کے نیچے سے شعلے نکلتے رہتے ہیں۔ کم از کم شعلوں کی نوعیت باقی رہتی ہے۔ پھر بھی میں اسے

ترجیح دینے کے لیے تیار نہیں دراصل میں صرف گرمی ہی کے لیے آتش دان کا شیدائی نہیں ہوں، مجھے شعلوں کا منظر چاہیے۔ جب تک شعلے بھڑکتے نظر نہ آئیں دل کی پیاس بجھتی نہیں۔ بے دردوں کو جو دل کی جگہ برف کی سل سینہ میں چھپائے پھرتے ہیں، ان معاملات کی کیا خبر؟

سینۂ گرم نداری مطلب صحبتِ عشق

آتشے نیست چو در مجمرہ ات، عُود مخر!

آپ سن کر ہنسیں گے۔ بارہا ایسا ہوا کہ اس خیال سے کہ سردی کا زیادہ سے زیادہ احساس پیدا کروں۔ جنوری کی راتوں میں آسمان کے نیچے بیٹھ کر صبح کی چائے پیتا رہا، اور اپنے آپ کو اس دھوکے میں ڈالتا رہا کہ آج سردی خوب پڑ رہی ہے:

ازیک حدیثِ لطف کہ آں ہم دروغ بود

امشب زدفترِ گلہ صد باب شستہ ایم

میری طبیعت کا بھی عجیب حال ہے۔ دوسروں سے پہلے خود اپنی حالت پر ہنستا ہوں۔ بچپنے میں چند مہینے چنسورہ میں بسر کیے تھے کیونکہ کلکتہ میں طاعون پھیل رہا تھا۔ یہ جگہ عین دریائے ہوگلی پر واقع ہے۔ میں یہیں سب سے پہلے تیرنا سیکھا۔ صبح شام گھنٹوں دریا میں تیرتا رہتا پھر بھی جی سیر نہ ہوتا۔ اب بھی تیراکی کے لیے طبیعت ہمیشہ ترستی

رہتی ہے ۔ سبحان اللہ، طبع بوقلموں کی نیرنگ آرائیاں دیکھیے ۔ ایک طرف دریا سے ہم عنانی کا یہ ذوق و شوق، دوسری طرف آگ کے شعلوں سے سیراب ہونے کی یہ تشنگی! شاید یہ اس لیے ہو کہ اقلیم زندگی کی سطح پر پانی بہتا ہے، تہہ میں آگ بھڑکتی رہتی ہے ۔ اسی لیے نکتہ سرایان حقیقت کو کہنا پڑا کہ :

ہم سمندر باش و ہم ماہی کہ در اقلیم عشق
روئے دریا سلسبیل و قعر دریا آتش است

لوگ گرمیوں میں پہاڑ جاتے ہیں کہ وہاں گرمیوں کا موسم بسر کریں ۔ میں نے کئی بار جاڑوں میں پہاڑوں کی راہ لی کہ وہاں جانے کا اصلی موسم یہی ہے ۔ متنبی بھی کیا بد ذوق تھا کہ لبنان کے موسم کی قدر نہ کر سکا ۔ میری زندگی کے چند بہترین ہفتے لبنان میں بسر ہوئے ہیں ۔

و جهال لبنان و كيف بقطعها
و هي الشتاء و صيفهن شتاء

زندگی کا ایک جاڑا جو موصل میں بسر ہوا تھا مجھے نہیں بھولتا ۔ موصل اگرچہ جغرافیہ کی لکیروں میں معتدل خطہ سے باہر نہیں ہے لیکن گرد و پیش نے اسے سرد سیر حدود میں داخل کر دیا ہے اور کبھی کبھی تو دیار بکر میں ایسی سخت برف پڑتی ہے کہ جب تک

سڑکوں پہ کھدائی نہ ہو لے، گھروں کے کواڑ کھل نہیں سکتے۔ جس سال میں گیا تھا غیر معمولی برف پڑی تھی۔ برف باری کے بعد آسمان کھلتا اور آرمینیا کے پہاڑوں کی ہوائیں چلتیں تو کیا عرض کروں، ٹھنڈک کا کیا عالم ہوتا؟ مجھے یاد ہے کہ کبھی کبھی سردی کی شدت کا یہ عالم ہوتا کہ مٹکوں کا ڈھکنا ہٹاتے تو پانی کی جگہ برف کی سل دکھائی دیتی لیکن میں پھر بھی سردی کی بے اعتدالیوں کا گلہ مند نہ تھا۔ جس شیخ کے گھر مہمان تھا اس کے بچے دن بھر برف کے گولوں سے کھیلتے رہتے اور کبھی کبھی کوئی چھوٹی سی گولی منہ میں بھی ڈال لیتے۔ ستّی کبیرہ یعنی شیخ کی ماں کا لونڈیوں کو حکم تھا کہ میرا آتش دان چوبیس گھنٹے روشن رکھیں۔ خود بھی دن میں دو تین مرتبہ پکار کے مجھ سے پوچھ لیا کرتیں کہ مجمرہ کا کیا حال ہے؟ ایک لوہے کی کیتلی آتش دان کی محراب میں زنجیر سے لٹکتی رہتی اور پانی ہر وقت جوش کھاتا رہتا جس وقت چاہو، قہوہ بنا کر گرم گرم پی لو۔ چونکہ دیر تک جوش کھائے ہوئے پانی میں چائے یا کافی بنانا ٹھیک نہیں۔ اس لیے میں اسے اُتار کر رکھ دیا کرتا، لیکن لونڈی پھر لٹکا دیتی اور کہتی کہ ستی کا حکم ایسا ہی ہے۔ چائے بنانے کا یہی طریقہ میں نے شمالی ایران کے عام گھروں میں بھی دیکھا۔ آتش دان کی آگ صرف کمرہ گرم کرنے ہی کے کام نہیں لائی جاتی بلکہ باورچی خانہ کا بھی آدھا کام دے دیتی ہے۔ لوگ آتش دان کی آگ پر چائے کا پانی بھی گرم کر لیتے ہیں اور کھانا بھی

پکا لیتے ہیں۔ اگر شمالی ایران کے لوگ ایسا نہ کریں تو اتنا ایندھن کہاں سے لائیں کہ کمروں کو بھی گرم رکھیں اور باورچی خانہ کا چولھا بھی سلگتا رہے؟ وہاں کے مکانوں میں آتش دان اتنے کشادہ ہوتے ہیں کہ کئی کئی دیگچیاں ان میں بیک وقت لٹک سکتی ہیں۔ آتشدان کی محراب میں تعمیر کے وقت حلقے ڈال دیئے جاتے ہیں، ٹھیک ایسی طرح کے جیسے ہمارے مکانوں کی چھتوں میں پڑے ہوتے ہیں۔ انھی حلقوں میں زنجیر ڈال دی اور کیتلی یا دیگچی لٹکا دی۔ بعض شہروں کی سرایوں کے ہر کمرہ میں آتشدان بنا ہے۔ جاڑوں میں سرائچی اسی آتش دان پر پُلاؤ دم دے کر آپ کو کھلا دے گا اور کہے گا "جائے گرم مگذارید و بخورید"۔!

اگست کے مہینے میں جب ہم یہاں لائے گئے تو بارش کا موسم عروج پر تھا اور ہوا خوشگوار تھی۔ بالکل ایسی فضا رہتی تھی، جیسی آپ نے جولائی اور اگست میں پونا کی دیکھی ہوگی۔ پانی یہاں عام طور پر بیس پچیس انچ سے زیادہ نہیں برستا لیکن پانی کی دو چار بوندیں بھی کافی خوشگواری پیدا کر دیتی ہیں۔ اُمس بہت کم ہوتی ہے۔ ہوا برابر چلتی رہتی ہے۔

ستمبر اور اکتوبر اسی عالم میں گزرا لیکن جب نومبر شروع ہوا تو طبیعت اس خیال سے افسردہ رہنے لگی کہ یہاں سردی کا موسم ہلکا ہوتا ہے۔ چھاؤنی کا کمانڈنگ افسر جو پچھلا

جاڑہ یہاں بسر کر چکا ہے، کہتا تھا کہ پونا سے کچھ زیادہ سردی تھی لیکن وہ بھی بہ مشکل دس بارہ دن تک رہی ہوگی۔ عام طور پر دسمبر اور جنوری کا موسم یہاں ایسا رہتا ہے جیسا دہلی اور پنجاب میں جارے کے ابتدائی دنوں کا ہوتا ہے۔ ان خبروں نے طبیعت کو بالکل مایوس کر دیا تھا، لیکن جونہی دسمبر شروع ہوا، موسم نے اچانک کروٹ لی، دو دن تک بادل چھایا رہا اور پھر جو مطلع کھلا، تو کچھ نہ پوچھیے موسم کی فیاضیوں کا کیا عالم ہوا؟ دہلی اور لاہور کے چلہ کا مزہ یاد آگیا۔ یہاں کے کمروں میں بھلا آتش دان کہاں؟ لیکن اگر ہوتا تو موسم ایسا ضرور ہوگیا تھا کہ میں لکڑیاں چُننی شروع کر دیتا۔ چیتہ خاں جو ہر وقت خاکی تخفیفہ (یعنی شارٹ) پہنے رہتا تھا، یکایک گرم سوٹ پہن کر آنے لگا اور کہنے لگا کہ سردی سے میرے گھٹنوں میں درد ہونے لگا ہے۔ چھاؤنی سے خبر آئی کہ ایک انگریز سپاہی جو رات کے پہرہ پر تھا۔ صبح نمونیا میں مبتلا پایا گیا اور شام ہوتے ہوتے ختم ہوگیا۔ ہمارے قافلہ کے زندانیوں کا یہ حال ہوا کہ دوپہر کے وقت بھی چادر جسم سے چمٹی رہنے لگی۔ جسے دیکھو، سردی کی بے جا ستانیوں کا شاکی ہے، اور دھوپ میں بیٹھ کر تیل کی مالش کر رہا ہے۔ کہ تمام جسم پھٹ کر چھلنی ہوگیا۔ حتیٰ کہ جو صاحب دہلی اور یوپی کے رہنے والے تھے اور نینی تال کے موسم کے عادل رہ چکے ہیں، وہ بھی یہاں کے جاڑے کے قائل ہو گئے۔

چناں قحط سالے شد اندر دمشق

کہ یاراں فراموش کردند عشق

ضلع کا کلکٹر اسی علاقہ کا باشندہ ہے۔ وہ آیا تو کہنے لگا کہ سالہا سال گذر گئے میں نے ایسا جاڑہ اس علاقہ میں نہیں دیکھا۔ پارا چالیس درجہ سے بھی نیچے اُتر چکا ہے۔ یہاں سب حیران ہیں کہ اس سال کونسی نئی بات ہو گئی ہے کہ اچانک پنجاب کی سردی احمد نگر پہنچ گئی۔ میں نے جی میں کہا: ان بے خبروں کو کیا معلوم کہ ہم زندانیوں اور خراباتیوں کی دُعائیں کیا اثر رکھتی ہیں۔ رب اشعث مرفوع باالابواب، لواقسم علی اللہ الابرہ

فدائے شیوۂ رحمت کہ در لباسِ بہار

بعذر خواہی زندانِ بادہ نوش آمد

یہاں کے لوگ تو سردی کی سختیوں کی شکایت کر رہے ہیں، اور میرے دل آرزو مند سے اب بھی صدائے ہل من مزید اُٹھ رہی ہے کلکتہ سے گرم کپڑے آئے پڑے ہیں، میں نے ابھی تک انہیں چھوا بھی نہیں۔ اس ڈر سے کہ اگر گرم کپڑے پہنوں گا تو سردی کا احساس کم ہو جائے گا اور تخیل کو جولانیوں کا موقع نہیں ملے گا، ابھی تک گرمیوں ہی کے لباس میں وقت نکال رہا ہوں۔ البتہ صبح اُٹھتا ہوں تو اُونی چادر دُہری کر

کے کاندھوں پر ڈال لیتا ہوں۔ میرا اور سردی کے موسم کا معاملہ تو وہ ہو گیا جو نظیری نیشا پوری کو پیش آیا تھا:

اُددرووداع و من بجزع، کز مئے و بہاد

رطلے سہ چار ماندہٗ و روزے سہ چار خوش

یہاں تک لکھ چکا تھا کہ خیال ہوا، تمہید ہی میں گیارہ صفحے سیاہ ہو گئے اور ابھی تک حرف مدعا زبان قلم پر نہیں آیا۔ تازہ ترین واقعہ یہ ہے کہ ایک ماہ کی محرومی و انتظار کے بعد پرسوں چھیتہ خاں نے مژدہ کامرانی سنایا کہ بمبئی کے آرمی اینڈ نیوی اسٹور نے وہائٹ جیسمین چائے کہیں سے ڈھونڈ نکالی ہے، اور ایک پونڈ کا پارسل وی پی کر دیا ہے۔ چنانچہ کل پارسل پہنچا۔ چھیتہ خاں نے اس کی قیمت کا گلہ کرنا شروع کر دیا کہ تمہیں ایک پونڈ چائے کے لیے اتنی قیمت دینی پڑی۔ حالانکہ واقعہ یہ ہے ہک مجھے اس کی ارزانی نے حیران کر دیا ہے۔ اس نایابی کے زمانے میں اگر اسٹور اس سے دوگنی رقم کا طلبگار ہوتا، جب بھی یہ جنس گرانمایہ ارزاں تھی:

اے کہ می گوئی "چرا جامے، بجانے می خری؟"

ایں سخن باساقی ما گو کہ ارزاں کردہ است

حسن اتفاق دیکھیے کہ ادھر یہ پارسل پہنچا ادھر بمبئی سے بعض دوستوں نے بھی چند ڈبے چینی دوستوں سے لے کر بھجوا دیئے۔ اب گرفتاری کا زمانہ جتنا بھی طول کھینچے، چائے کی کمی کا اندیشہ باقی نہیں رہا۔

بہر حال جو بات کہنی چاہتا ہوں وہ یہ ہے کہ اس ایک واقعہ نے صبح کے معاملہ کی پوری فضا بدل دی، اور جوئے طبع افسردہ کا آبِ رفتہ پھر واپس آگیا۔ اب پھر وہی صبح کی مجلس طرب آراستہ ہے، وہی طبعِ سیہ مست کی عالم فراموشیاں ہیں، اور وہی فکر درماندۂ کار کی آسماں پیمائیاں:

گوہر مخزن اسرار ہمانست کہ بود

حقہ مہر بداں مہر و نشانست کہ بود

حافظا! باز نما قصۂ خونابۂ چشم

کہ دریں چشمہ ہماں آب روانست کہ بود

ابوالکلام

خط نمبر ۱۷

قلعہ احمد نگر

۹/جنوری ۱۹۴۳ء

صدیق مکرم

انانیتی ادبیات (Egotistic Literature) کی نسبت زمانہ حال کے بعض نقادوں نے یہ رائے ظاہر کی ہے کہ وہ یا تو وہ بہت زیادہ دلپذیر ہوں گی یا بہت زیادہ ناگوار۔ کسی درمیانی درجہ کی یہاں گنجائش نہیں۔ "انانیتی ادبیات" سے مقصود تمام اس طرح کی خامہ فرسائیاں ہیں جن میں ایک مصنف کا ایغو (Ego) یعنی "میں" نمایاں طور پر سر اُٹھاتا ہے۔ مثلاً خود نوشتہ سوانح عمریاں، ذاتی واردات و تاثرات، مشاہدات و تجارب شخصی اسلوب نظر و فکر۔ میں نے "نمایاں طور" کی قید اس لیے لگائی کہ اگر نہ لگائی جائے تو دائرہ بہت زیادہ وسیع ہو جائے گا۔ کیونکہ غیر نمایاں طور پر تو ہر طرح کی مصنفات میں مصنف کی انانیت اُبھر سکتی ہے، اور ابھرتی رہتی ہے۔ اگر اس اعتبار سے صورت حال پر نظر ڈالیے تو ہماری درماندگیوں کا کچھ عجیب حال ہے۔ ہم اپنے ذہنی آثار کو ہر

چیز سے بچا لے جا سکتے ہیں مگر خود اپنے آپ سے بچا نہیں سکتے۔ ہم کتنا ہی ضمیر غائب اور ضمیر مخاطب کے پردوں میں چھپ کر چلیں، لیکن ضمیر متکلم کی پرچھائیں پڑتی ہی رہے گی۔ ہم جہاں جاتے ہیں، ہمارا سایہ ہمارے ساتھ جانا ہے۔ ہماری کتنی ہی خود فراموشیاں ہیں جو دراصل ہماری خود پرستیوں ہی سے پیدا ہوتی ہیں۔ یہی وجہ ہے کہ ایک نکتہ شناس حقیقت کو کہنا پڑتا تھا:

فقُلت لھا "ما اذنبتُ" قالت مجیبۃُ

"وجودک ذنبٌ لا یُقاسُ بہ ذنبْ!"

کل ایک زیر تسوید کتاب کا ایک خاص مقام لکھ رہا تھا کہ مبحث کی مناسبت سے قول مندرجہ صدر ذہن میں تازہ ہو گیا اور اس وقت حسب معمول صبح کو لکھنے بیٹھا تو بے اختیار سامنے آ گیا۔ آئیے، آج تھوڑی دیر کے لیے رک کر اس معاملہ پر غور کر لیں۔ ایک ادیب، ایک شاعر، ایک مصور، ایک اہل قلم کی "انانیت" (Egoism) کیا ہے؟ ابھی نہ تو فلسفہ و اخلاق کے مذاہب اَنا (Egoism) کا رخ کیجئے، نہ "خودی" (I am ness) مصطلحہ تصوف میں جائیے۔ صرف ایک عالم تحلیلی زاویۂ نگاہ سے معاملہ کو دیکھیے، آپ کو صاف دکھائی دے گا کہ یہ انانیت دراصل اس کے سوا کچھ نہیں کہ اس کی فکری انفرادیت کا ایک قدرتی سرجوش ہے جسے وہ دبا نہیں سکتا۔ اگر دبانا چاہتا ہے

تو اور زیادہ ابھرنے لگتی ہے اور اپنی ہستی کا اثبات کرتی ہے۔ ابو العلاء معری نے
جب اپنا مشہور لامیہ کہا تھا:

الا فی سبیل المجد ما انا فاعل
عفاف و اقدام و حزم و نائل

یا جب ابو فراس حمدانی نے اپنا لا فانی رائیتہ کہا

اراک عصی الامع شیمتک الصبر
اما الھویٰ نھی علیک و لا امر

یا جب ابن سناء الملک نے اپنے زمانہ کو مخاطب کیا تھا:

و انک عبدی یا زمان، و اننی
علی الرغم منی ان اریٰ لک سیدا
و ما انا راض اننی و اطی الثریٰ
و لی ھمۃ لا ترتضیٰ الافق مقعدا

یا جب فردوسی کے قلم سے نکلا تھا:

بسے رنج بردم دریں سال سی
عجم زندہ کردم بدیں پارسی!

یا مثلاً فیضی نے نل دمن نظم کرتے ہوئے یہ اشعار کہے تھے :

امروز نہ شاعرم، حکیم
دانندۂ حادث وقدیم
ہر مُوئے زمن تمام گوش ست
خاموشی من بصد خروش ست
ایں بادہ کہ جوشد ازایا غم
خونے ست چکیدہ از دماغم
صد دیدہ بہ ورطۂ دل افتاد
کیں موج گہر بساحل افتاد
بگداختہ آبگینۂ دل
آئینہ دہم بدستِ محفل
آنم کہ بسحر کارۂ ژرف
از شعلہ تراش کردہ ام حرف
بانگ قلمم دریں شب تار
بس معنیِ خفتہ کردہ بیدار

می ریخت ز سحر کاری ژرف
از صبح ستارہ و ز من حرف
ہر نغمہ کہ بستہ ام بریں تار
ناقوس نہفتہ ام بہ زنار
ایں گل کہ بہ بوستاں نثاری ست
از من بہ بہار یادگاری ست

یا جب ہمارے میر انیس نے کہا تھا

لگا رہا ہوں مضامین نو کے پھر انبار
خبر کرو مرے خرمن کے خوشہ چینوں کو

تو یہ محض شاعرانہ تعلیاں نہ تھیں، یہ ان کی پر جوش انفرادیت تھی، جو بے اختیار چیخ رہی تھی!

لیکن ساتھ ہی ہم دیکھتے ہیں، انا نیت کا یہ شعور کچھ اس نوعیت کا واقع ہوا ہے کہ ہر انفرادی انا نیت اپنے اندرونی آئینہ میں جو عکس ڈالتی ہے، بیرونی آئینوں میں اس سے بالکل اُلٹا عکس پڑنے لگتا ہے۔ اندر کے آئینہ میں ایک بڑا وجود دکھائی دیتا ہے، باہر کے تمام آئینوں میں ایک چھوٹی سے چھوٹی شکل ابھرنے لگتی ہے:

خود آئینہ دارد کہ محروم ست اظہارش

یہی صورت حال ہے جہاں سے ہر مصنف کی جو خود اپنی نسبت کچھ کہنا چاہتا ہے، ساری مشکلیں اُبھرنی شروع ہو جاتی ہیں۔ وہ جبکہ خود اپنے عکس کو جو اس کے اندرونی آئینہ میں پڑ رہا ہے، جھٹلا نہیں سکتا، تو اچانک کیا دیکھتا ہے کہ باہر کے تمام آئینے اسے جھٹلا رہے ہیں۔ جو "میں" خود اس کے لیے بے حد اہمیت رکھتی ہے، وہی دوسروں کی نگاہوں میں یکسر غیر اہم ہو رہی ہے۔ وہ اپنے آپ کو ایک ایسی حالت میں محسوس کرنے لگتا ہے، جیسے ایک مصور تصویر کھینچنے کے لیے موقلم اُٹھائے، مگر اسے یقین ہو کہ میں کتنی ہی مصورانہ قوت کام میں لاؤں، میری نگاہ کے سوا اور کوئی نگاہ اس مرقع کی دلآویزی نہیں دیکھ سکے گی:

آئینہ نقشِ بند طلسمِ خیال نیست
تصویر خود بلوحِ دگر می کشیم ما

اس مشکل سے صرف خال خال مصنف ہی عہدہ بر آ ہو سکتے ہیں اور ہوئے ہیں یہ وہ لوگ ہیں جو اپنی "انانیت" کو بغیر کسی نمائشی وضع میں سجائے، دوسروں کے سامنے لے آنے کی صلاحیت رکھتے تھے۔ دنیا کے سامنے ان کی "انانیت" آئی مگر اس طرح آئی، جیسے ایک بے تکلف آدمی بغیر سج دھج بنائے سامنے آ کھڑا ہو۔ یہ بات کہ

ایک آدمی بغیر کسی بناوٹ کے اپنی واقعی صورت میں سامنے آگیا۔ نمود حقیقت کی ایک خاص دلکشی رکھتی ہے۔ اور اس لیے دنیا کی نگاہوں کو بے اختیار اپنی طرف کھینچ لیتی ہے۔ جو خاص خاص ادیب ایسا کر سکے۔ ان کی "میں" خود ان کے لیے کتنی ہی بڑی اور دوسروں کے لیے کتنی ہی چھوٹی واقع ہوئی ہو، لیکن دنیا اس کی دلپذیری سے انکار نہ کر سکی۔ دنیا کو ان کی انانیت کی مقدار ناپنے کی مہلت ہی نہیں ملی، وہ اس کی بے تکلفانہ واقعیت دیکھ کر بے خود ہوگئی۔

ایک آدمی جب اپنی تصویر اُتروانی چاہتا ہے، تو خود اسے اس کا شعور ہو یا نہ ہو، لیکن اس خواہش کی تہ میں اس کی انانیت کی ایک دھیمی آواز ضرور بولنے لگتی ہے۔ تصویر اُتروانے کی مختلف حالتیں ہوتی ہیں۔ ایک حالت وہ ہے جسے مصورانہ وضع (Pose) سے تعبیر کیا جاتا ہے۔ یعنی تصویر اُتروانے کے لیے ایک خاص طرح کا انداز بہ تکلف اختیار کرلینا۔ ایک ماہر فن مصور جانتا ہے کہ کس چہرے اور جسم کی مصورانہ وضع کیسی ہونی چاہیے؟ جو جب تک نشست و وضع کی نوک پلک درست نہیں کر لے گا، تصویر نہیں اتارے گا۔ سو میں ننانوے آدمیوں کی خواہش یہی ہوتی ہے کہ نشست اور ڈھنگ سجا کے تصویر اُتروائیں۔ لیکن فرض کرو ایک آدمی بغیر کسی تیاری اور وضعی انداز کے آلہ انعکاس کے سامنے آگیا اور اسی عالم میں اس کی تصویر اُتر آئی، تو ایسی تصویر کس نگاہ

سے دیکھی جائے گی؟ ایسی تصویر محض اس لیے کہ بے ساختگی اور واقعیت کی ٹھیک ٹھیک تعبیر پیش کرتی ہے یقیناً ایک خاص قدر و قیمت پیدا کرلے گی، اور جس صاحب نظر کے سامنے جائے گی اس کی توجہ اپنی طرف کھینچ لے گی۔ وہ یہ نہیں دیکھے گا کہ جس کی تصویر ہے، وہ خود کیسا ہے؟ وہ اس میں محو ہو جائے گا کہ خود تصویر کتنی بے ساختہ ہے!

بعینہ یہی مثال اس صورت حال کی بھی سمجھ لیجیے۔ جو مصنف اپنی انانیت کی بے ساختہ تصویر کھینچ دے سکتے ہیں وہ اس معاملہ کی ساری مشکلوں پر غالب آ جاتے ہیں۔ انہوں نے اپنی تصویر خود اپنے قلم سے کھینچی لیکن یہ بات اس کی دلآویزی میں کچھ مخل نہ ہو سکی۔ کیونکہ تصویر بے تکلف اور بے ساختہ کھینچی۔ وہ لوگوں کو باعظمت دکھائی دے یا نہ دے لیکن اس کی بے ساختگی کی گیرائی سب کی نگاہوں کو بٹھائے گی۔ ایسے ہی مصنف ہیں جو اپنی انانیت کو لافانی دلپذیری کا جامہ پہنا دیتے ہیں۔

لیکن یہ بات بھی یاد رکھنی چاہیے کہ انسان کی تمام معنوی محسوسات کی طرح اس کی انفرادیت کی نمود بھی مختلف حالتوں میں مختلف طرح کی نوعیتیں رکھی ہے۔ کبھی وہ سوتی رہتی ہے، کبھی جاگ اُٹھتی ہے، کبھی اُٹھ کر بیٹھ جاتی ہے، اور کبھی زور شور سے اُچھلنے لگتی ہے۔ انسان کی ساری قوتوں کی طرح وہ بھی نشو و نما کی محتاج ہوئی۔ جس

طرح ہر انسان کا ذہن و ادراک یکساں درجہ کا نہیں ہوتا اسی طرح انفرادیت کا جوش بھی ہر دیگ میں ایک ہی طرح نہیں ابلتا۔ مدارج کا یہی فرق ہے جو ہم تمام ادیبوں، شاعروں، مصوروں اور موسیقی نوازوں میں پاتے ہیں۔ اکثروں کی انفرادیت بولتی ہے مگر دھیمے سروں میں بولتی ہے۔ بعضوں کی انفرادیت اتنی پرجوش ہوتی ہے کہ جب کبھی بولے گی، سارا گرد و پیش گونج اُٹھے گا۔

یک بار نالہ کردہ ام از درد اشتیاق
از شش جہت ہنوز صدا می تواں شنید
و ما الدهر الا من رواة قصائدی
افاقلت شعراً اصبعح الدهر منشداً

ایسے افراد اپنی "میں" کا سر جوش کسی طرح نہیں دبا سکتے۔ ان کی خاموشی چیخنے والی اور ان کا سکون بھی تڑپنے والا ہوتا ہے۔ ان کی انفرادیت دبانے سے اور زیادہ اچھلنے لگے گی۔ ایسے افراد جب کبھی "میں" بولتے ہیں، تو اس میں قصد، بناوٹ اور نمائش کو کوئی دخل نہیں ہوتا۔ وہ سر تا سر حقیقتِ حال کی ایک بے اختیارانہ چیخ ہوتی ہے۔ فیضی کی ایک ایسی ہی چیخ تھی جو اس وقت تک ہمارے سامعہ سے ٹکرا رہی ہے :

می کشد شعلہ سرے از دل صد پارۂ ما

جوش آتش بود امروز بہ فوارۂ ما

لیکن ہر قانون کی طرح یہاں بھی مستثنیات ہیں۔ ہمیں تسلیم کرنا پڑتا ہے کہ کبھی کبھی ایسی شخصیتیں بھی دنیا کے مسرح (اسٹیج) پر نمودار ہو جاتی ہیں جن کی انانیت کی مقدار اضافی نہیں ہوتی، بلکہ مطلق نوعیت رکھتی ہے، یعنی خود انہیں ان کی انانیت جتنی بڑی دکھائی دیتی ہے، اتنی ہی بڑی دوسرے بھی دیکھنے لگتے ہیں۔ ان کی انانیت بھی پرچھائیں جب کبھی پڑے گی، تو خواہ اندر کا آئینہ ہو خواہ باہر کا، اس کے بعد ابعادِ ثلاثہ (Dimensions) ہمیشہ یکساں طور پر نمودار ہوں گے!

ایسے اخص الخواص افراد کو عام معیار نظر سے الگ رکھنا پڑے گا۔ ایسے لوگ فکر و نظر کے عام ترازوؤں میں نہیں تولے جا سکتے۔ ادب و تصنیف کے عام قوانین انہیں اپنے کُلیوں سے نہیں پکڑ سکتے۔ زمانے کو ان کا یہ حق تسلیم کر لینا پڑتا ہے کہ وہ جتنی مرتبہ بھی چاہیں "میں" بولتے رہیں۔ ان کی ہر "میں" ان کی ہر "وہ" اور "تم" سے کہیں زیادہ دلپذیر ہوتی ہے!

انانیتی ادبیات کی کوئی خاص قسم لے لیجئے۔ مثلاً خود نوشتہ سوانح واردات اور پھر مثال کے لیے بغیر کاوش کے چند شخصیتیں چن لیجئے۔ مثلاً سینٹ آگسٹائن (St. Audustine) روسو (Rousseau)، اسٹرنڈبرگ (Strind Berg) ٹالسٹائی،

اناطول فرانس، اندرے ژید (Andregide) ان کے خود نوشتہ سوانح چھ مختلف نوعیتوں کی چھ مختلف تصویریں ہیں لیکن سب نے یکساں طور پر ادبیات عالم میں دائمی جگہ حاصل کرلی۔ کیونکہ تصویریں بے ساختہ اور واقعی ہیں۔ مشرقی ادبیات میں مثلاً غزالی، ابن خلدون، بابر، جہانگیر اور ملّا عبد القادر بدایونی کے خود نوشتہ حالات سامنے لائیے۔ ہم کتنی ہی مخالفانہ نگاہوں سے انہیں پڑھیں، لیکن ان کی دلآویزی نے مطالبہ کے انکار نہیں کرسکتے۔ غزالی نے اپنے فکری انفعالات کی سرگزشت سنائی۔ ابن خلدون نے اپنے تعلیمی اور سیاسی علائق کی داستان سرائی کی۔ بابر نے جنگ اور امن کے واقعات وواردات قلم بند کیے۔ جہانگیر نے تختِ شہنشاہی پر بیٹھ کر وقائع نگاری کا قلم دان طلب کیا۔ ان کی انانیتیں بے پردہ بول رہی ہیں۔ ہم انہیں خود ان کی نگاہوں سے نہیں دیکھ سکتے۔ تاہم دیکھتے ہیں اور ان کی لافانی دلآویزی سے انکار نہیں کرسکتے کیونکہ کسی بغیر بناوٹ کے سامنے آگئی ہیں۔

بدایونی کا معاملہ اوروں سے الگ ہے! طبقۂ عوام کا ایک فرد جس نے وقت کی درسیاتی تعلیم حاصل کر کے علماء کے حلقے میں اپنی جگہ بنائی اور دربار شاہی تک رسائی حاصل کرلی۔ اس کی زندگی کی تمام سرگرمیوں میں اگر خصوصیت کے ساتھ کوئی چیز اُبھرتی ہے، تو وہ اس کی بے لچک تنگ نظری، بے روک تعصب اور بے میل راسخ الاعتقادی

ہے۔ ہمیں اس کی انانیت نہ صرف بہت چھوٹی دکھائی دیتی ہے۔ بلکہ قدم قدم پر انکار و تبریٰ کی دعوت دیتی ہے۔ تاہم یہ کیا بات ہے کہ اس پر بھی ہم اپنی نگاہوں کو اس کی طرح اُٹھنے سے روک نہیں سکتے؟ ہم اسے پسند نہیں کرتے، پھر بھی اسے پڑھتے ہیں اور جی لگا کر پڑھتے ہیں۔ غور کیجئے یہ وہ بات ہوئی جو ابھی تھوڑی دیر ہوئی ہم سوچ رہے تھے۔ جس شخص کی یہ تصویر ہے وہ خود خوبصورت نہیں لیکن تصویر بہ حیثیت ایک تصویر کے خوبصورت ہے۔ اس لیے ہماری نگاہوں کو بے اختیار اپنی طرف متوجہ کر لیتی ہے۔ یہ صاحب تصویر نہیں تھا جس نے ہماری نگاہوں کو کھینچا، یہ تصویر کی بے ساختگی تھی جس کے بلاوے کی کشش سے ہم اپنے آپ کو نہ بچا سکے!

ٹالشائی غالباً ان خاص شخصوں میں سے تھا جن کی انانیت کی مقدار اضافی ہونے کی جگہ ایک مطلق نوعیت رکھتی تھی۔ اس کی انانیت خود اسے جتنی بڑی دکھائی دی، دنیا نے بھی اسے اتنا ہی بڑا دیکھا۔ پچھلی صدی کے آخری اور اس صدی کے ابتدائی دور میں شاید ہی وقت کا کوئی مصنف اس خود اعتمادی کے ساتھ "میں" بول سکا، جس طرح یہ عجیب و غریب رُوسی بولتا رہا۔ اس کے خود نوشتہ حالات، اس کے شخصی واردات و تاثرات اس کے مختلف وقتوں کے مکالمے اور روزنامچے، اس کے ادبی و فنی مباحث، سب میں اس کی انانیت بغیر کسی نقاب کے دنیا کے سامنے آئی اور دنیا

اسے عالمگیر نوشتوں کے ساتھ جمع کرتی رہی۔ اس کے خود نوشتہ سوانح جو ایک بے رنگ سادگی کے ساتھ لکھے گئے ہیں اس کی "وار اینڈ پیس" اور "اینا کارینینا" سے کم دلپذیر نہیں ہیں اور دراصل ان دونوں افسانوں میں بھی اس کی انا نیت ہی کی صدائیں ہم سن رہے ہیں۔ زمانہ اس کی قلم کاریوں کا رنگ و روغن ابھی تک مدھم نہیں کر سکا۔ پچھلی جنگ کے زمانہ میں لوگ "وار اینڈ پیس" ازسر نو ڈھونڈھنے لگے تھے اور اب پھر ڈھونڈ رہے ہیں۔

موجودہ عہد میں ٹالسٹائی کی عظمت بحیثیت اور ایک مفکر کے بہت "کم" دماغوں کی متوجہ کر سکے گی۔ یورپ اور امریکہ کے دماغی طبقوں میں بہت کم لوگ ایسے نکلیں گے جو اس کے معاشرتی، فلسفی اور جمالیاتی (Aesthetics) افکار کو اس نظر سے دیکھنے کے لیے طیار ہوں، جس نظر سے اس صدی کے ابتدائی دور کے لوگ دیکھا کرتے تھے۔ تاہم اس کی انانیتی ادبیات کی دلپذیری سے اب بھی کوئی انکار نہیں سکتا۔ اس کی عجیب زندگی کا معمہ بھی بحث و نظر کا ایک دل پسند موضوع ہے۔ ہر دوسرے تیسرے سال کوئی نہ کوئی نئی کتاب نکلتی رہتی ہے۔

پچھلی صدی کے آخری اور اس صدی کے ابتدائی دور میں بکثرت خود نوشتہ سوانح عمریاں لکھی گئیں۔ کہا جاسکتا ہے کہ اس عہد کے ہر چوتھے مصنف نے ضروری سمجھا

کہ اپنی گزری ہوئی زندگی کو آخر عمر میں پھر ایک مرتبہ دہرا لے۔ دنیا کے کتب خانوں نے ان سب کو اپنی الماریوں میں جگہ دی ہے، لیکن دنیا کے دماغوں میں بہت کم کے لیے جگہ نکل سکی۔

میں نے ابتدائی سطور "ایغو" کا لفظ استعمال کیا تھا۔ یہ وہی یونانی (Ego) کی تعریف ہے جو ارسطو کے عربی مترجموں نے ابتدا ہی میں اختیار کرلی تھی اور پھر فارابی اور ابن رشد وغیرہ ہمابرابر استعمال کرتے رہے۔ میں خیال کرتا ہوں کہ فلسفیانہ مباحث میں "انا" کی جگہ "ایغو" کا استعمال زیادہ موزوں ہوگا۔ یہ براہ راست فلسفیانہ اصطلاح کو رو نما کر دیتا ہے اور ٹھیک وہی کام دیتا ہے جو یورپ کی زبانوں میں "ایگو" دے رہا ہے۔ یہ اس اشتباہ کو بھی دور کر دے گا جو "انا" مصطلحہ فلسفہ اور "انا" مصطلحہ تصوف میں باہم دگر پیدا ہو جا سکتا ہے۔ اردو میں ہم "ایگو" بجنسہ لے سکتے ہیں کیونکہ ہمیں گاف سے احتراز کرنے کی ضرورت نہیں۔

ابوالکلام

خط نمبر ۱۸

حکایت زاغ و بلبل

قلعہ احمد نگر

۲/مارچ ۱۹۴۳ء

صدیق مکرم

کل عالم تصور میں حکایتِ زاغ و بُلبل ترتیب دے رہا تھا۔

مجموعہ خیال ابھی فرد فرد تھا۔

اس وقت خیال ہوا، ایک فصل آپ کو بھی سنا دوں :

تا فصلے از حقیقت اشیاء نوشتہ ایم

آفاق را مرادفِ عنقا نوشتہ ایم

ایک دن صبح چائے پیتے ہوئے نہیں معلوم سید محمود صاحب کو کیا سوجھی، ایک طشتری میں تھوڑی سی شکر لے کر نکلے اور صحن میں جابجا کچھ ڈھونڈھنے سے لگے۔

گوئی ایں طائفہ ایں جا گھرے یافتہ اندر

جب ان کا تعاقب کیا گیا تو معلوم ہوا چیونٹیوں کے بل ڈھونڈھ رہے ہیں۔ جہاں کوئی سوراخ دکھائی دیا، شکر کی ایک چٹکی ڈال دی۔ میں نے جو یہ حال دیکھا تو یہ کہہ کر ان کے سمندِ سعی پر ایک تازیانہ لگا دیا کہ:

وللارض من کاس الکرام نصیب

کہنے لگے اس کا ترجمہ کیجیے۔ میں نے کہا، خواجہ شیراز مع اضافہ کر چکے ہیں:

اگر شراب خوری جُرعہ فشاں بر خاک

ازاں گناہ کہ نفعے رسد بغیر چہ باک

یہاں کمروں کی چھتوں میں گوریاؤں کے جوڑوں نے جابجا گھونسلے بنا رکھے ہیں، دن بھر ان کا شور و ہنگامہ برپا رہتا ہے۔ چند دنوں کے بعد محمود صاحب کو خیال ہوا ان کی بھی کچھ تواضع کرنی چاہیے ممکن ہے گوریاؤں کی زبان حال نے انہیں توجہ دلائی ہو کہ:

نگاہ لطف کے امیدوار ہم بھی ہیں۔

چھپرہ میں ایک مرتبہ انہوں نے مرغیاں پالی تھیں۔ دانہ ہاتھ میں لے کر آ، آ کرتے تو ہر طرف سے دوڑتی ہوئی چلی آتیں۔ یہی نسخہ چڑیوں پر بھی آزمانا چاہا لیکن چند دنوں کے بعد تھک کر بیٹھ رہے۔ کہنے لگے عجیب معاملہ ہے۔ دانہ دکھا دکھا کر جتنا پاس جاتا ہوں، اتنی ہی تیزی سے بھاگنے لگتی ہیں گویا دانہ کی پیش کش بھی ایک جرم ہوا۔

خدایا جذبہ دل کی مگر تاثیر اُلٹی ہے
کہ جتنا کھینچتا ہوں اور کھنچتا جائے ہے مجھ سے

میں نے کہا طلب و نیاز کی راہ میں قدم اُٹھایا، تو عشوہ و ناز کی تغافل کیشیوں کے لیے صبر و شکیب پیدا کیجیے۔ نیازِ عشق کے دعووں کے ساتھ نازِ حسن کی گلہ مندیاں زیب نہیں دیتیں۔

بہ نازکی نہ بری پے بہ منزل مقصود
مگر طریق رہش از سر نیاز کنی
اگر بہ ناز براند، مُرد کہ آخرِ کار
بہ صد نیاز بخواند ترا و نازکنی!

یہاں کبھی کبھی صبح کو جنگلی میناؤں کے بھی تین جوڑے آ نکلتے ہیں اور اپنی غُرر غُرر اور چیو چیو کے شور سے کان بہرا کر دیتے ہیں۔ اب محمود صاحب نے گوریاؤں کے عشق پر تو واسوخت پڑھا، مگر ان آہوانِ ہوائی کے لیے دام ضیافت بچھا دیا۔

من و آہوئے صحرائے کہ دائم می رمید از من

روز صبح روٹی کے چھوٹے چھوٹے ٹکڑے ہاتھ میں لے کر نکل جاتے ہیں اور صحن میں جا کھڑے ہوتے ہیں پھر جہاں تک حلق کام دیتا، آ، آ، آ کرتے جاتے اور ٹکڑے فضا کو دکھا دکھا کر پھینکتے رہتے۔ یہ صلائے عام میناؤں کو تو ملتفت نہ کر سکی البتہ شہرستانِ ہوا کے دریوزہ گرانِ ہرجائی یعنی کووں نے ہر طرف سے ہجوم شروع کر دیا۔ میں نے کووں کو شہرستان ہوا کا دریوزہ گر اس لیے کہا کہ کبھی انہیں مہمانوں کی طرح کہیں جاتے دیکھا نہیں، طفیلیوں کے غول میں بھی بہت کم دکھائی پڑے، ہمیشہ اسی عالم میں پایا کہ فقیروں کی طرح ہر دروازے پر پہنچے، صدائیں لگائیں اور چل دیئیے۔

فقیرانہ آئے، صدا کر چلے!

بہر حال محمود صاحب آ، آ، کے تسلسل سے تھک کر جونہی مڑتے یہ دریوزہ گرانِ کوتہ آستین فوراً بڑھتے اور اپنی دراز دستیوں سے دستر خوان صاف کر کے رکھ دیتے۔

اے کوتہ آستیناں! تا کے دراز دستی

صحن کے شمالی کنارے میں نیم کا ایک تناور درخت ہے۔ اس پر گلہریوں کے جھنڈ کودتے پھرتے ہیں۔ انھوں نے جو دیکھا کہ :

صلائے عام ہے یارانِ نکتہ داں کے لیے

تو فوراً لبیک لبیک اور "مرحمت عالی زیاد" کہتے ہوئے اس دستر خوانِ کرم پر ٹوٹ پڑیں :

یاران! صلائے عام ست گرمی کنید کارے

کووں کی دراز دستیوں سے جو کچھ بچتا، ان کوتاہ دستوں کی کامجوئیوں کا کھاجا بن جاتا۔ پہلے روٹی کے ٹکڑوں پر منہ مارتیں پھر فوراً گردن اُٹھا لیتیں۔ ٹکڑا چباتی جاتیں اور سر ہلا ہلا کر کچھ اشارے بھی کرتی جاتیں۔ گویا محمود صاحب کو دادِ ضیافت دیتے ہوئے بہ طریقِ حسن طلب یہ بھی کہتی جاتی ہیں کہ :

گرچہ خوب است ولیکن قدرے بہتر ازیں

خیر بیچاری گلہریوں کا شمار تو اس سفرۂ کرم کے زیرہ چینوں میں ہوا، لیکن کوے، جنھیں طفیلی سمجھ کر میزبان عالی ہمت نے چنداں تعرض نہیں کیا تھا، اچانک اس قدر بڑھ گئے کہ معلوم ہونے لگا، پورے احمد نگر کو اس بخششِ عام کی خبر مل گئی ہے اور علاقہ سے سارے کووں نے اپنے اپنے گھروں کو خیرباد کہہ کر یہیں دھونی رمانے کی ٹھان لی

ہے۔ بیچاری یبناؤں کو جو اس اہتمام ضیافت کی اصلی مہمان تھیں ابھی تک خبر بھی نہیں پہنچی تھی۔ اب اگر پہنچ جاتی تو بھلا طفیلیوں کے اس ہجوم میں ان کے لیے جگہ کہاں نکلنے والی تھی۔

طفیلی جمع شد چنداں کہ جائے میماں گم شد

محمود صاحب کے صلائے عام سے پہلے ہی یہاں کوؤں کی کائیں کائیں کی روشن چوکی برابر بجتی رہتی تھی۔ اب جوان کا دستر خوان کرم بچھا تو نقاروں پر بھی چوب پڑ گئی۔ ایک دو دن تک تو لوگوں نے صبر کیا، آخر ان سے کہنا پڑا کہ اگر آپ کے دستِ کرم کی بخششیں رک نہیں سکتیں تو کم از کم چند دنوں کے لیے ملتوی ہی کر دیجیے ورنہ ان ترکانِ یغما دوست کی ترکتازیاں کمروں کے اندر کے گوشہ نشینوں کو بھی امن چین سے بیٹھنے نہ دیں گی۔ اور ابھی تو صرف احمد نگر کے کوؤں کو خبر ملی ہے اگر فیض عام کا یہ لنگر خانہ اس طرح جاری رہا تو عجب نہیں تمام دکن کے کوے قلعہ احمد نگر پر حملہ بول دیں اور آپ کو صائبؔ کا شعر یاد دلائیں کہ :

دور دستاں را بہ احسان یاد کردن ہمت است
ورنہ ہر نخلے بہ پائے خود ثمر می افگند

ابھی محمود صاحب اس درخواست پر غور کر ہی کر رہے تھے کہ ایک دوسرا واقعہ ظہور میں آ گیا۔ ایک دن صبح کیا دیکھتے ہیں کہ چھت کی منڈیر پر و معمر و مشیّن گدھ بھی تشریف لے آئے ہیں :

پیری سے کمر میں اک ذرا خم

توقیر کی صورتِ مجسم

اور گردن اُٹھائے صلائے سفرہ کے منتظر ہیں :

اے خانہ بر انداز چمن کچھ تو ادھر بھی

معلوم ہوتا ہے، ان ناخواندہ مہمانوں کی آمد محمود صاحب پر بھی با ایں ہمہ جود و سخائے عام گراں گزری۔ کہنے لگے، بزرگوں نے کہا ہے، گِدھوں کا آنا منحوس ہوتا ہے۔ بہرحال ان حضرات کے بارے میں بزرگانِ سلف کا کچھ ہی خیال رہا ہو، لیکن واقعہ یہ ہے کہ ان کی تشریف آوری ہمارے لیے تو بڑی بابرکت ثابت ہوئی۔ کیونکہ ادھر ان کا مبارک قدم آیا، ادھر محمود صاحب نے ہمیشہ کے لیے اپنا سفرۂ کرم لپیٹنا شروع کر دیا۔ ایک لحاظ سے معاملہ پر یوں بھی نظر ڈالی جا سکتی ہے کہ ان کی آمد کی آبادی میں اس ہنگامہ ضیافت کی ویرانی پوشیدہ تھی۔ دیکھیے کیا موقعہ سے مومن خاں کا قصیدہ یاد آ گیا :

شیخ جی آپ کے آتے ہی ہوا دیر خراب

قصد کعبہ کا نہ کیجیے گا بہ ایں یُمنِ قدوم

خیر، چند دنوں کے بعد بات آئی گزری ہوئی۔ لیکن کوؤں کے غولوں سے اب نجات کہاں ملنے والی تھی؟ دریوزہ گروں نے کریم کی چوکھٹ پہچان لی۔ وہ روز معین وقت پر آتے اور اپنے فراموش کار میزبان کو پُکار پُکار کر دُعائیں دیتے:

میاں، خوش رہو ہم دُعا کر چلے!

اسی اثناء میں موسم نے پلٹا کھایا۔ جاڑے نے رختِ سفر باندھنا شروع کیا۔ بہار کی آمد آمد کا غلغلہ برپا ہوا۔ اگرچہ ابھی تک:

اُڑتی سی اک خبر تھی زبانی طیور کی!

ہم جب گذشتہ سال اگست میں یہاں آئے تھے تو صحن بالکل چٹیل میدان تھا بارش نے سبزہ پیدا کرنے کی بار بار کوششیں کیں، لیکن مٹّی نے بہت کم ساتھ دیا۔ اس بے رنگ منظر سے آنکھیں اُکتا گئی تھیں اور سبزہ و گل کے لیے ترسنے لگی تھیں۔ خیال ہوا کہ باغبانی کا مشغلہ کیوں نہ اختیار لیا جائے کہ مشغلہ کا مشغلہ ہوتا ہے اور اصحابِ صورت اور اصحابِ معنی، دونوں کے لیے سامانِ ذوق بہم پہنچاتا ہے۔

بہ بو اصحابِ معنی را بہ رنگ اصحابِ صورت را

جواہر لال جن کا جوہر مستعدی ہمیشہ تجویزوں کی راہ تکتا رہتا ہے، فوراً کمر بستہ ہو گئے اور اس خرابے میں رنگ و بو کی تعمیر کا سر و سامان شروع ہو گیا:

دل کے ویرانے میں بھی ہو جائے دم بھر چاندنی

اس کارخانہ رنگ و بو کے ہر گوشے میں وجُود کی پیدائش اور جامعہ ہستی کی آرائش کے لیے دو باتوں کی درستگی ضروری ہوتی ہے۔ پہلی یہ کہ بیج درست ہو

گر جاں بدہد سنگ سیہ لعل نہ گردد

با طینتِ اصلی چہ کند، بد گہر افتاد!

دوسری یہ کہ زمین مستعد ہو:

جوہر طینتِ آدم ز خمیر دگر ست

تو توقع ز گلِ کوزہ گراں می داری!

چنانچہ یہاں بھی سب سے پہلے انہی دو باتوں کی فکر کی گئی۔ بیج کے لیے چیتہ خاں کو کہہ کر پونا لکھوایا گیا کہ وہاں کے بعض باغوں کے ذخیرے بیجوں کی خوبی و صلاحیت کے لیے مشہور ہیں، لیکن زمین کی درستگی کا معاملہ اتنا آسان نہ تھا۔ احاطہ کی پوری زمین در اصل قلعہ کی پرانی عمارتوں کا ملبہ ہے۔ ذرا کھودیئے اور پتھر کے بڑے بڑے ٹکڑے اور چونے اور ریت کا بُرادہ ہر جگہ نکلنے لگتا ہے۔ درمیانی حصہ تو گویا گنبدوں اور

مقبروں کا مدفن ہے نہیں معلوم کن کن فرمانرواؤں اور کیسے کیسے پری چہروں کی ہڈیوں سے اس خرابے کی مٹی گوندھی گئی ہے اور زبان حال سے کہہ رہی ہے۔

قدح بشرط ادب گیر، زاں کہ ترکیبش

زکاسۂ سر جمشید، بہمن ست وقباد

ناچار تختوں کی داغ بیل ڈال کر دو دو تین، فٹ زمین کھودی گئی اور باہر سے مٹی اور کھاد منگوا کر انہیں بھرا گیا۔ کئی ہفتے اس میں نکل گئے۔ جواہر لال صبح و شام پھاوڑا اور کدال ہاتھ میں لیے کوہ کندن اور کاہ بر آوردن میں لگے رہتے تھے:

آغشتہ ایم ہر سر خارے بہ خون دل

قانونِ باغبانی صحرا نوشتہ ایم!

اس کے بعد آبپاشی کا مرحلہ پیش آیا اور اس پر غور کیا گیا کہ کیمسٹری کے حقائق سے فن زراعت کے اعمال میں کہاں تک مدد لی جا سکتی ہے۔ اس موضع پر ارباب فن نے بڑی بڑی نکتہ آفرینیاں کیں، ہمارے قافلہ میں ایک صاحب بنگال کے لیں۔ جن کی سائنٹفک معلومات پر موقعہ ہر ضرورت ہو یا نہ ہو اپنی جلوہ طرازیوں کا فیاضانہ اسراف کرتی رہتی ہے۔ انہوں نے یہ دقیق نکتہ سنایا کہ اگر پھولوں کے پودوں کو حیوانی خون سے سینچا جائے، تو اُن میں نباتاتی درجہ سے بلند ہو کر حیوانی درجہ میں قدم رکھنے کا ولولہ

پیدا ہو جائے گا اور ہفتوں کی راہ دنوں میں طے کرنے لگیں گے۔ لیکن آج کل جبکہ جنگ کی وجہ سے آدمیوں کو خون کی ضرورت پیش آ گئی ہے، اس کے بینک کھل رہے ہیں، بھلا درختوں کے لیے کون اپنا خون دینے کے لیے تیار ہو گا۔ ایک دوسرے صاحب نے کہا، یہاں قلعہ کے فوجی میس (mess) میں روز مرغیاں ذبح کی جاتی ہیں۔ ان کا خون جڑوں میں کیوں نہ ڈالا جائے؟ اس پر مجھے ارتجالاً ایک شعر سوجھ گیا۔ حالانکہ شعر کہنے کی عادت مدتیں ہوئیں بھلا چکا ہوں:

کلیوں میں اہتزاز ہے پروازِ حسن کی،
سینچا تھا کس نے باغ کو مرغی کے خون سے

اگر مرغی کی جگہ بلبل کر دیجیے تو خیال بندوں کی طرز کا اچھا خاصہ شعر ہو جائے گا۔

غنچوں میں اہتزاز ہے پروازِ حُسن کی،
سینچا تھا کس نے باغ کو بلبل کے خون سے

شعر سن کر آصف علی صاحب کے شاعرانہ ولولے جاگ اُٹھے۔ انہوں نے اس زمین میں غزل کہنی شروع کر دی، لیکن پھر شکایت کرنے لگے کہ قافیہ تنگ ہے۔ میں نے کہا ویسے بھی یہاں قافیہ تنگ ہی ہو رہا ہے۔

دیکھیے! سمند فکر کی وحشت خرامی بار بار جادہ سخن سے ہٹنا چاہتی ہے اور میں چونک چونک کر باگ کھینچنے لگتا ہوں۔ جو بات کہنی چاہتا تھا وہ یہ کہ ستمبر اور اکتوبر میں بیج ڈالے گئے۔ دسمبر کے شروع ہوتے ہی سارے میدان کی صورت بدل گئی اور جنوری آئی تو اس عالم میں آئی کہ ہر گوشہ مالن کی جھولی تھا، ہر تختہ گل فروش کا ہاتھ تھا۔ گویا :

کنوں کہ در چمن آمد گل از عدم بوجود

بنفشہ در قدم او نہاد سر بسجود

بہ باغ تازہ کن آئین دینِ زردشتی

کنوں کہ لالہ برافروخت آتشِ نمرود

ۂ زدستِ شاہد سیمیں عذار عیسیٰ دم

شارب نوش و رہا کن حدیثِ عاد و ثمود

کا عالم طاری ہو گیا۔ لیکن آئین زردشتی کے تاشہ کرنے کا سامان یہاں کہاں تھا؟ اور شاہد سیمیں عذار کے انفاس عیسوی کی اعجاز فرمائیاں کہاں یسر آسکتی تھیں؟ سو اس کی کمی عالم تصور کی جولانیوں سے پوری کی گئی۔ زمانہ کی تنگ مائیگی جس قدر کوتاہیاں کرتی رہتی ہے، فکرِ فراخ حوصلہ کی آسودگیاں اتنی ہی بڑھتی جاتی ہیں :

چوں دستِ ما بہ دامنِ وصلش نہ می رسد

پائے طلب شکستہ بداماں نشستہ ایم

وقت کی رعایت سے اکثر پھول موسمی تھے۔ چالیس سے زیادہ قسمیں گنی جا سکتی تھیں۔ سب سے پہلے مارننگ گلوری (Morning Glory) نے اس خرابہ بے رنگ کو اپنی گل شگفتگیوں سے رنگین کیا۔ جب صبح کے وقت آسمان پر سورج کی کرنیں مسکرانے لگتیں تو زمین پر مورننگ گلوری کی کلیاں کھل کھلا کر ہنسنا شروع کر دیتیں۔ ابو طالب کلیمؔ کو کیا خوب تمثیل سوجھی تھی۔

شیرینیِ تبسم ہر غنچہ رامپرس

در شیر صبح خندہ گلہا شکر گزاشت

کوئی پھول یاقوت کا کٹورا تھا، کوئی نیلم کی پیالی تھی۔ کسی پھول پر گنگا جمنی کی قلم کاری کی گئی تھی۔ کسی پر چھینٹ کی طرح رنگ رنگ کی چھپائی ہو رہی تھی۔ بعض پھولوں پر رنگ کی بوندیں اس طرح پڑ گئی تھیں کہ خیال ہوتا تھا، صناعِ قدر کے مُوقلم میں رنگ زیادہ بھر گیا۔ صاف کرنے کے لیے جھٹکنا پڑا اور اس کی چھینٹیں قبائے گل کے دامن پر پڑ گئیں:

تکلف سے بَری ہے حسنِ ذاتی،

قبائے گل میں گُل بوٹا کہاں ہے؟

"گلوری" کا اردو ترجمہ کیجیے تو بات بنتی نہیں۔ "اجلالِ صبح" وغیرہ کہہ سکتے ہیں لیکن ذوق سلیم حرف گیری کرتا ہے۔ اس لیے میں مارننگ گلوری کو "بہار صبح" کے نام سے پکارتا ہوں :

یہ وقت ہے شگفتنِ گلہائے ناز کا

"بہار صبح" کی بیلیں برآمدے کی چھت تک پہنچا کر پھر اندر کی طرف پھیلا دی گئی تھیں۔ چند دنوں بعد نظر اٹھائی تو ساری چھت پر پھولوں سے لدی ہوئی شاخیں پھیل گئی تھیں، لیکن لوگ پھولوں کی سیج بچھاتے ہیں اور اپنی کروٹوں سے اسے پامال کرتے رہتے ہیں۔ ہمارے حصّے میں کانٹوں کا فرش آیا تو ہم نے اپنی پھولوں کی سیج بستر سے اٹھا کر چھت پر اُلٹ دی۔ تلووَں کے کانٹے چنتے رہتے ہیں مگر نگاہ ہمیشہ اوپر کی طرف رہتی ہے

گزر چکی ہے یہ فصل بہار ہم پر بھی!

سامنے دو تختوں میں زینیا (Zinnia) کے پھول رنگ برنگ کے صافے باندھے نمودار ہو گئے۔ زینیا کے پھول کئی قسم کے ہوتے ہیں۔ یہ بڑے زینیا کے پھول تھے۔ ان کے صافوں کی لپیٹ اتنی مرتّب اور مدوّر واقع ہوئی تھی کہ معلوم ہوتا تھا کسی مشّاق دستار بند نے قالب پر چڑھا کر پیچوں کی ایک سلوٹ نکال دی ہے۔ جوں جوں

عمر بڑھتی گئی، صافوں کی ضخامت بھی بڑھتی گئی اور پھر تو ایسا معلوم ہونے لگا، جیسے پہر داروں کی صفیں رنگ برنگ کی پگڑیاں باندھے کھڑی ہیں اور زندانیانِ قلعہ کی طرح اس باغِ نورستہ کی بھی پاسبانی ہو رہی ہے۔

کہ بلبلاں ہمہ مستند و باغباں تنہا

ان تختوں کے درمیان گُلِ خطمی یعنی ہالی ہاک (Holly Hock) کا حلقہ تھا۔ یہ رنگ برنگ کے وائن گلاس (قدیم ایرانی ظروف میں "پیمانہ" اسی قسم کا ظرف تھا، جس طرح کا آج کل "وائن گلاس" ہوتا ہے، لیکن اگر پیمانہ کہیے تو کسی کی سمجھ میں نہیں آئے گا۔ ناچار "وائن گلاس" ہی کہنا پڑتا ہے۔) ہاتھوں میں لیے کھڑے تھے۔ ہر شاخ اتنے گلاس سنبھالے ہوئی تھی کہ دل اندیشہ ناک رہتا، کہیں ایسا نہ ہو، ہوا کے جھونکوں کی ٹھوکر لگے اور گلاس گر کر چور چور ہو جائیں۔ دانش مشہدی نے غالباً انھی پھولوں کی ایک شاخ دیکھ کر کہا تھا:

دیدہ ام شاخ گلے بر خویش می پیچم کہ کاش
می توانستم بیک دست ایں قدر ساغر گرفت

تخیل دراصل امیر خسرو سے ماخوذ ہے، جس نے اسی زمین میں کہا تھا:

ہست صحرا چوں کف دست و بر داز لالہ جام

خوش کف دستے کہ چندیں جام صہبا بر گرفت

گل خطمی کے پھولوں کی تشبیہ کتنی ہی دلکش ہو، مگر یہ ماننا پڑے گا کہ حسن نزاکت کی ادائیں یہاں نہیں مل سکتیں۔ گلاس خوشنما ہیں، مگر نازک نہیں ہیں۔ پٹونیا (Petunia) نے بھی میدان کے ہر گوشے کو دامن رنگین بنا دیا تھا، لیکن اس کی رنگتوں کی سادگی سے تخیل کی پیاس کہاں بجھ سکتی تھی! میدان کے وسط میں جھنڈے کے چبوترے کے دونوں طرف اسٹر (Aster) کارن فلاور (Cornflower) سویٹ پیس (Sweet peas)، کوکنار (Poppy) فلکس (Phlex) کلیوپسیس (Calliopsis) اور کاسمس (Cosmos) کے چھوٹے چھوٹے جھنڈ نکل آئے تھے۔ گو میدان کی کمر میں بوقلموں رنگوں کا ایک پٹکہ بندھ گیا تھا لیکن وہ بھی چشم تماشائی کا سامان دید تھا، اہل بینش کے لیے ذوق نظر کا سامان نہ تھا، حالانکہ :

بزم میں اہل نظر بھی تھے تماشائی بھی

اس غرض کے لیے پینکس (Pinax) سلویا (Salvia) اور پینزی (Pansy) وغیرہ کے تختوں کا رخ کرنا پڑتا تھا، جن کی جلوہ فروشیاں ہر دم دیدہ و دل کو دعوت نظارہ دیتی رہتی تھیں۔ قدرت کے قلم صنعت کی یہ بھی ایک عجیب کرشمہ سنجی ہے کہ پھولوں کے ورق اور تتلیوں کے پروں پر ایک ہی موقلم سے مینا کاری کر دی اور ایک ہی رنگ کی

دواتیں کام میں لائی گئیں۔ ان پھولوں کے اوراق کا مطالعہ کیجیے تو ایسا معلوم ہوا ہے جیسے بڑے پھولوں کی کترن سے کچھ کاغذ بچ رہا تھا، اسے بھی ضائع نہیں کیا گیا، اور قینچی سے تراش خراش کر ننھے ننھے پھولوں کے ورق بنا لیے۔ اگر ایک چیز نازک اور خوبصورت ہوتی ہے تو ہم کہتے ہیں، یہ پھول ہے لیکن اگر خود پھولوں کے لیے کچھ کہنا چاہیں تو انہیں کس چیز سے تشبیہ دیں! حقیقت یہ ہے کہ زبان درماندہ کو یہاں یارائے سخن نہیں اور خاموشی کے بغیر چارہ کار نہیں۔ حسن کی جلوہ طرازیاں محویت کا پیام ہوتی ہیں، خامہ فرسائی اور سخن آرائی کا تقاضا نہیں ہوتا:

ازنگہ چشم تہی گشت و تماشا ماندہ ست
درزباں حرف نماندہ ست و سخنہا ماندہ ست

ان پھولوں کو موسمی کہا جاتا ہے کیونکہ ان کی پیدائش اور زندگی صرف موسم ہی تک محدود رہتی ہے۔ ادھر موسم ختم ہوا، ادھر انھوں نے بھی دنیا کو خیرباد کہہ دیا، گویا زندگی کا ایک ہی پیرہن ان کے حصے میں آیا تھا، وہی کفن کا بھی کام دے گیا:

ہمچو ماہی غیر داغم پوشش دیگر نہ بود
تا کفن آمد، ہمیں یک جامہ بر تن داشتم

میر مبارک اللہ واضحؔ عالمگیری کو یہی خیال پانی کا بلبلہ دیکھ کر ہوا تھا۔ دیکھیے کیا خوب کہہ گیا ہے:

رشک فرمائے دلم نیست بجز عیش حباب

یافت یک پیرہن ہستی و آں ہم کفن ست

بہار میں پھولوں سے درخت لد جاتے ہیں، خزاں میں غائب ہو جاتے ہیں پھر جونہی موسم کا دور پلٹتا ہے، دوبارہ آموجود ہوتے ہیں مگر موسمی پھولوں کے پودوں کا شیوہ یک رنگی و یک ساختگی دیکھیے کہ جب ایک مرتبہ دنیا کو پیٹھ دکھا دی تو پھر دوبارہ مڑ کے دیکھنا نہیں چاہتے گویا ابو طالب کلیمؔ کا اشارہ انہی کی طرف تھا:

وضع زمانہ قابل دیدن دوبارہ نیست

روپس نکرد، ہر کہ ازیں خاکداں گزشت

پھولوں کے جمالیاتی (Aesthetic) منظر سے اگر نظر ہٹائیے، تو پھر ایک اور گوشہ سامنے آجاتا ہے۔ یہ ان کی عجائب آفرینیوں کا گوشہ ہے۔ روح نباتی بھی روح حیوانی کی طرح قسم قسم کے جسموں میں ابھرتی ہے اور طرح طرح کے افعال و خواص کی نمائش کرتی رہتی ہے۔ یہ کہیں سوئی ہوئی دکھائی دیتی ہے، کہیں کروٹ بدلنے لگتی ہے اور پھر کہیں اٹھ کر بیٹھ جاتی ہے۔ ہمارے اس چھوٹے سے گوشہ چمن میں ابھی صرف

ایک ہی پھول ایسا ہے جسے اس قسم کے غیر معمولی پھولوں میں سے شمار کیا جا سکتا ہے یعنی گلوری اوسا سوپربا (Gloriosa Superba)۔ اس کی پانچ جڑیں گملوں میں لگائی گئی تھیں، چار بار آور ہوئیں۔ اب ان کی شاخیں کلیوں سے لدی ہوئی ہیں۔ ان کا پھول پہلے پنجے کی طرح کھلے گا، پھر پیالہ کی طرح الٹ جائے گا، پھر فانوس کی طرح مدور ہونے لگے گا، پھر تھوڑی دیر دم لینے کے لیے رک جائے گا اور پھر دیکھیے تو جن منزلوں سے گزرتا ہوا آیا تھا، انھیں منزلوں سے گزرتا ہوا الٹے پاؤں واپس ہونے لگے گا۔ واپسی میں پہلے فانوس کی اٹھی ہوئی شاخیں پھیل کر ایک پیالہ بنائیں گی، پھر اچانک یہ پیالہ الٹ جائے گا گویا زندگی کے جام واژگوں میں اب کچھ باقی نہ رہا:

لیے بیٹھا ہے اک دو چار جام واژگوں وہ بھی

ہر پھول کی آمد و رفت کی یہ مسافرت دس سے بارہ دن کے اندر طے ہوا کرتی ہے، چھ دن آنے میں لگتے ہیں، چھ واپسی میں اور دراصل اس کا آنا بھی جانے ہی کے لئے ہوتا ہے:

ترا آنا نہ تھا ظالم! مگر تمہید جانے کی

رنگت کے اعتبار سے بھی اس کی بوقلمونیوں کا کچھ عجیب حال ہے۔ کلیاں جب نمودار ہوں گی تو ہلکے سبز رنگ کی ہوں گی، پھر جوں جوں کھلنے کا وقت آنے لگے گا، زردی

ابھرنے لگی گی اور پھر زردی بتدریج سرخی مائل ہونا شروع ہو جائے گی۔ پہلے آدھا سرخ آدھا آدھا زرد رہے گا پھر زردی تیزی کے ساتھ گھٹنے لگی گی اور پورا پھول سرخ ہو کر مرچ کی پھلیوں کی طرح چمکنے لگے گا۔ یہ عجیب بات ہے کہ اس کی نسل ہندوستان کی طرف منسوب کی جاتی ہے، مگر یہاں اس کی شہرت نہیں :

عالم ہمہ افسانۂ ما دارد و ما ہیچ

یہ پھول نبات کی اس قسم میں داخل ہے جسے اتحاد تناسلی کے لیے خارج کی مداخلت مطلوب ہوتی ہے، اور کبھی ہوا کے جھونکوں سے اور کبھی تتلیوں اور مکھیوں کی نشست و برخاست سے فطرت یہ کام لے لیا کرتی ہے، اس پھول کا جزِ رجولیت اس کے انوثیت کے جز سے اس طرح بے تعلق واقع ہوا ہے کہ جب تک خارج کا ہاتھ مادہ تلقیح کو ایک جگہ سے اٹھا کر دوسری جگہ نہ پہنچا دے، تلقیح کا عمل انجام نہیں پا سکتا۔ جن پھولوں کو یہ خارجی اعانت مل جاتی ہے، وہ باردار ہو جاتے ہیں اور اپنا بیج چھوڑ جاتے ہیں، جنھیں نہیں ملتی، بانجھ ہو کر بغیر بیج بنائے ختم ہو جاتے ہیں۔ ان پودوں کے لیے تتلیوں کا ایک گروہ بروقت پہنچ گیا تھا چنانچہ اکثر پھول باردار ہو گئے۔

خیر، یہ چمن آرائی کا ذکر تو ایک جملہ معترضہ تھا جو بلا قصد اتنا طولانی ہو گیا، اب اصل حکایت کی طرف واپس ہونا چاہیے۔ فروری میں ابر و باد کی آمد و رفت سے موسم کا اتار

چڑھاؤ جاری رہا مگر جونہی مہینہ ختم ہونے پر آیا، موسم بہار کا پیش خیمہ پہنچ گیا، یعنی معتدل ہواؤں کے جھونکے چلنے لگے۔ پھر ایک دن کیا دیکھتے ہیں کہ خراماں خراماں چلتی ہوئی خود بہار بھی آموجود ہوئی ہے، اور جوانان چمن نے اس کی خوش آمدید کا جشن منانا شروع کردیا ہے:

نفس باد صبا مشک فشاں خواہد شد

عالم پیر دگر بار جواں خواہد شد

اسی زمانہ کا واقعہ ہے کہ ایک دن دوپہر کے وقت کمرہ میں بیٹھا تھا کہ اچانک کیا سنتا ہوں کہ بلبل کی نواؤں کی صدائیں آرہی ہیں:

باز نوائے بلبلاں عشق تو یاد می دہد

ہر کہ ز عشق نیست خوش عمر بباد می دہد

باہر نکل کر دیکھا تو خطمی کے شگفتہ پھولوں کے ہجوم میں ایک جوڑا بیٹھا ہے اور گردن اٹھائے نغمہ سنجی کررہا ہے۔ بے اختیار خواجہ شیراز کی غزل یاد آگئی:

صفیر مرغ برآمد، بطِ شراب کجاست

فغاں فتاد ز بلبل، نقاب گل کے درید

یہ علاقہ اگرچہ سرد سیر نہیں ہے لیکن چونکہ بلند سطح پر واقع ہوا ہے، اس لیے پہاڑی بلبلوں سے خالی نہیں ہے۔ یہ بلبلیں اگرچہ سرد سیر ایران کی بلبلوں کی طرح ہزار داستان نہیں ہوتیں لیکن رسیلے گلے کی ایک تان بھی کیا کم ہے! دوپہر کی چائے کا جو قیلولہ کے بعد پیتا ہوں، آخری فنجان باقی تھا، میں نے اٹھایا اور اس نغمۂ عندلیب پر خالی کر دیا۔

تو نیز بادہ بہ چنگ آر و راہ صحرا گیر
کہ مرغ نغمہ سرا ساز خوش نوا آورد

دوسرے دن صبح برآمدہ میں بیٹھا تھا کہ بلبل کے ترانے کی آواز پھر اٹھی، میں نے ایک صاحب کو توجہ دلائی کہ سننا بُلبل کی آواز آ رہی ہے۔ ایک دوسرے صاحب جو صحن میں ٹہل رہے تھے، کچھ دیر کے لیے رُک گئے اور کان لگا کر سنتے رہے۔ پھر بولے کہ ہاں قلعہ میں کوئی چھکڑا جا رہا ہے، اس کے پہیوں کی آواز آ رہی ہے۔ سبحان اللہ! ذوقِ سماع کی دقتِ امتیاز دیکھیے، بلبل کی نواؤں اور چھکڑے کے پہیوں کی ریں ریں میں یہاں کوئی فرق محسوس نہیں ہوتا:

ہمائے گو، مفگن سایۂ شرف ہرگز
دراں دیار کہ طوطی کم از زغن باشد

خدارا انصاف کیجیے، اگر دو ایسے کان ایک قفس میں بند کر دیئے جائیں کہ ایک میں تو بلبل کی نوائیں بسی ہوں، دوسرے میں چھکڑے کے پہیوں کی ریں ریں، تو آپ اسے کیا کہیں گے :

نوائے بُلبُلت اے گُل! کجا پسند افتد

کہ گوش ہوش بہ مُرغانِ ہرزہ گو داری

اصل یہ ہے کہ ہر ملک کی فضا طبیعتوں میں ایک خاص طرح کا طبعی ذوق پیدا کر دیا کرتی ہے۔ ہندوستان کا عام طبعی ذوق بلبل کی نواؤں سے آشنا نہیں ہو سکتا تھا، کیونکہ ملک کی فضا دوسری طرح کی صداؤں سے بھری ہوئی تھی۔ یہاں کے پرندوں کی شہرت طوطا اور مینا کے پروں سے اُڑی اور دنیا کے عجائب میں سے شمار کی گئی

شکر شکن شوند ہمہ طُوطیان ہند

زیں قند پارسی کہ بہ بنگالہ می رود

بلبل کی جگہ یہاں کوئل کی صدائیں شاعری کے کام آئیں، اور اس میں شک نہیں کہ اس کی کُوک درد آشنا دلوں کو غم والم کی چیخوں سے کم محسوس نہیں ہوتی۔

بُلبل کی نواؤں کا ذوق تو ایران کے حصے میں آیا ہے۔ موسم بہار میں باغ و صحرا ہی نہیں بلکہ ہر گھر کا پائیں باغ ان کی نواؤں سے گونج اُٹھتا ہے۔ بچے جھُولے میں اُن کی لوریاں

سنتے سنتے سو جائیں گے اور مائیں اشارہ کر کے بتلائیں گی کہ دیکھ یہ بُلبُل ہے، جو تجھے اپنی کہانی سنا رہی ہے۔ جنوب سے شمال کی طرف جس قدر بڑھتے جائیں، یہ افسونِ فطرت بھی زیادہ عام اور گہرا ہوتا جاتا ہے۔ حقیقت یہ ہے کہ جب تک ایک شخص نے شیراز یا قزوین کے گل گشتوں کی سیر نہ کی ہو، وہ سمجھ نہیں سکتا کہ حافظ کی زبان سے یہ شعر کس عالم میں ٹپکے تھے :

بلبل بہ شاخِ سرو بہ گل بانگِ پہلوی

می خواند دوش درسِ مقاماتِ معنوی

یعنی بیا کہ آتشِ موسیٰ نمود گل

تا از درخت نکتۂ تحقیق بشنوی

مرغانِ باغ قافیہ سنجند و بذلہ گو

تا خواجہ می خورد بہ غزلہائے پہلوی

یہ جو کہا کہ مُرغانِ باغ قافیہ سنجی کرتے ہیں، تو یہ مبالغہ نہیں ہے، واقعہ ہے۔ میں لے ایران کے چمن زاروں میں ہزار کو قافیہ سنجی کرتے ہوئے خود سنا ہے۔ ٹھہر ٹھہر کے لے بدلتی جائے گی، اور ہر لے ایک ہی طرح کے اُتار پر ختم ہوگی۔ جو سننے میں ٹھیک ٹھیک شعروں کے قوافی کی طرح متوازن اور متجانس محسوس ہوں گے۔ گھنٹوں سنتے

رہیے، ان قافیوں کا تسلسل ٹوٹنے والا نہیں، آواز جب ٹوٹے گی، ایک ہی قافیہ پر ٹوٹے گی۔

حقیقت یہ ہے کہ نوائے بلبل بہشتِ بہار کا ملکوتی ترانہ ہے۔ جو ملک اس بہشت سے محروم ہے، وہ اس ترانے کے ذوق سے بھی محروم ہے۔ گرم ملکوں کو اس عالم کی کیا خبر! زمستان کی برفباری اور پت جھڑ کے بعد جب موسم کا رُخ پلٹنے لگتا ہے، اور بہار اپنی ساری رعنائیوں اور جلوہ فروشیوں کے ساتھ باغ و صحرا پر چھا جاتی ہے، تو اُس وقت برف کی بے رحمیوں سے ٹھٹھری ہوئی دنیا یکایک محسوس کرنے لگتی ہے کہ اب موت کی افسردگیوں کی جگہ زندگی کی سرگرمیوں کی ایک نئی دنیا نمودار ہوگئی۔ انسان اپنے جسم کے اندر دیکھتا ہے، تو زندگی کا تازہ خون ایک ایک رگ کے اندر اُبلتا دکھائی دیتا ہے۔ اپنے سے باہر دیکھتا ہے، تو فضا کا ایک ایک ذرہ عیش و نشاطِ ہستی کی سرمستیوں میں رقص کرتا ہوا نظر آتا ہے۔ آسمان و زمین کی ہر چیز جو کل تک محرومیوں کی سوگواری اور افسردگیوں کی جانکاہی تھی، آج آنکھیں کھولیے، تو حُسن کی عشوہ طرازی ہے۔ کان لگائیے، تو نغمہ کی جان نوازی ہے۔ سونگھیے، تو سرتاسر بُو کی عطر بیزی ہے:

صبا بہ تہنیت پیر مے فروش آمد

کہ موسمِ طرب و عیش و نائے و نوش آمد

ہوا مسیح نفس گشت و باد نافہ کُشا

درخت سبز شد و مُرغ در خروش آمد

تنور لالہ چناں بر فروخت بادِ بہار

کہ غنچہ غرقِ عرق گشت و گل بجوش آمد

عین جوش و سرمستی کی ان عالمگیریوں میں بلبل کے مستانہ ترانوں کی گت شروع ہو جاتی ہے اور یہ نغمہ سرائے بہشتی اس محویت اور خودرفتگی کے ساتھ گانے لگتا ہے کہ معلوم ہوتا ہے، خود سازِ فطرت کے تاروں سے نغمے نکلنے لگے۔ اس وقت انسانی احساسات میں جو تہلکہ مچنے لگتا ہے، ممکن نہیں کہ حرف و صوت سے اُن کی تعبیر آشنا ہو سکے۔ شاعر پہلے مضطرب ہوگا کہ اس عالم کی تصویر کھینچ دے، جب نہیں کھینچ سکے گا، تو پھر خود اُس کی تصویر بن جائے گا۔ وہ رنگ و بو اور نغمے کے اس سمندر کو پہلے کنارہ پر کھڑے ہو کر دیکھے گا، پھر کود پڑے گا، اور خود اپنی ہستی کو بھی اُسی کی ایک موج بنا دے گا:

بیا تا گل برافشانیم دمے در ساغر اندازیم

فلک را سقف بشگافیم و طرحِ نو در اندزیم

چو در دست ست روئے خوش، بزن مُطرب سرود خوش

کہ دست افشاں غزل خونیم و پا کوباں سر اندازیم

ہندوستان میں صرف کشمیر ایک ایسی جگہ ہے جہاں اس عالم کی ایک جھلک دیکھی جا سکتی ہے۔ اسی لیے فیضی کو کہنا پڑا تھا:

ہزار قافلۂ شوق می کشد شبگیر

کہ بارِ عیش کُشاید بخطۂ کشمیر

لیکن افسوس ہے لوگوں کو پھل کھانے کا شوق ہوا، عالمِ بہار کی جنت نگاہیوں کا شوق نہ ہوا۔ کشمیر جائیں گے بھی، تو بہار کے موسم میں نہیں، بارش کے بعد پھلوں کے موسم میں۔ معلوم نہیں، دنیا اپنی ہر بات میں اتنی شکم پرست کیوں ہو گئی ہے، حالانکہ انسان کو معدہ کے ساتھ دل و دماغ بھی دیا گیا تھا!

ہندوستان کے پہاڑوں میں پہاڑی بلبل کا ترنم نینی تال اور کانغرہ (کانگڑا) میں زیادہ سُنا جا سکتا ہے، مسوری اور شملہ کی چٹانی فضا اس کے لیے کافی کشش پیدا نہیں کر سکتی تھی۔ ہندوستان میں عام طور پر چار قسم کی بلبلیں پائی جاتی ہیں۔ ان میں سب سے زیادہ خوش نوا قسم وہ ہے، جس کے چہرے کے دونوں طرف سفید بُوٹے ہوتے ہیں، اور اس لیے آج کل نیچرل ہسٹری کی تقسیم میں اسے وہائٹ چیکڈ (White Cheeked)

کے نام سے موسوم کیا گیا ہے۔ شیاما کو اگرچہ عام طور پر بلبل نہیں سمجھا جاتا لیکن اسے بھی میدانی سر زمینوں کا بلبل ہی تصور کرنا چاہیے، مغربی یوپی اور پنجاب میں اس کی متعدد قسمیں پائی جاتی ہیں۔

اس وقت تک بلبل کے تین جوڑے یہاں دکھائی دیے ہیں۔ تینوں معمولی پہاڑی قسم کے ہیں، جنہیں انگریزی میں (White Whiskered) کے نام سے پکارتے ہیں۔ ایک نے تو پھول کی ایک بیل میں آشیانہ بھی بنا لیا ہے۔ دوپہر کو پہلے بالکل خاموشی رہے گی، پھر جونہی میں کچھ دیر لیٹنے کے بعد اٹھوں گا اور لکھنے کے لیے بیٹھوں گا، معاً اُن کی نوائیں شروع ہو جائیں گی، گویا اُنہیں معلوم ہو گیا ہے کہ یہی وقت ہے، جب ایک ہم صفیر اپنے دل و جگر کے زخموں کی پٹیاں کھولتا ہے، اس لیے نالہ و فریاد کے پیہم چرکے لگانا شروع کر دیں۔ میرا وہی حال ہوا، جو عربی کے ایک شاعر کا ہوا تھا:

و مما شجانی اننی کُنتُ نائماً

أُعلل من برد بطیب التنسم

الیٰ ان رعت و رقاءِ مِن غُصنِ أیکۃ

تفرد مُیکاھا بحُسن الترنم

فلو قبل مُبکاھا بکیتُ صبابۃ

بُسعدیٰ، شفیتُ النفس قبلَ التندم

و لکن بکتُ تبلی، فھیج لِی البُکاء

بکاھا، فُقلتُ ألفضلُ للمُتقدِم

(اور جس بات نے مجھے غمگین کیا، وہ یہ ہے کہ جب میں سو رہا تھا اور میٹھی نیند کے مزے لے رہا تھا، تو اچانک ایک خوش آواز پرند نے درختوں کے جھنڈ میں ترانہ سنجی شروع کر دی۔ اس کی رونے کی آواز اپنے ترنم کی خوبی میں آپ ہی اپنی مثال تھی۔ اگر اس کے رونے سے پہلے میں نے سُعدیٰ کے عشق میں چند آنسو بہا دیے ہوتے، تو میرے حصے میں شرمندگی نہ آتی۔ مگر واقع یہ ہے کہ میں ایسا نہ کر سکا، اور یہ اُس پرند کا رونا تھا، جس سے میرے اندر بھی گریہ و زاری کا جوش اُمنڈ آیا۔ پس مجھے شرمندگی کے ساتھ اعتراف کرنا پڑا کہ بلاشبہہ یہاں فضیلت اسی کے لیے ہوئی، جس نے پہلا قدم اٹھایا۔)

خط نمبر ۱۹

چڑیا چڑے کی کہانی

قلعۂ احمد نگر

۱۷ مارچ ۱۹۴۳ء

صدیق مکرم

زندگی میں بہت سی کہانیاں بنائیں۔ خود زندگی ایسی گزری جیسے ایک کہانی ہو:

ہے آج جو سرگزشت اپنی

کل اس کی کہانیاں بنیں گی

آئیے آج آپ کو چڑیا چڑے کی کہانی سناؤں:

دگرہا شنید ستی، ایں ہم شنو

یہاں کمرے جو ہمیں رہنے کو ملے ہیں، پچھلی صدی کی تعمیرات کا نمونہ ہیں۔ چھت لکڑی کے شہتیروں کی ہے اور شہتیروں کے سہارے کے لیے محرابیں ڈال دی ہیں نتیجہ یہ ہے کہ جابجا گھونسلہ بنانے کے قدرتی گوشے نکل آئے اور گوریاؤں کی بستیاں آباد ہوگئیں۔ دن بھر ان کا ہنگامۂ تگ و دو گرم رہتا ہے۔ کلکتہ میں بالی گنج کا علاقہ چونکہ کھلا اور درختوں سے بھرا ہوا ہے اس لیے وہاں بھی مکانوں کے برآمدوں اور کارنسوں پر چڑوں کے غول ہمیشہ حملہ کرتے رہتے ہیں۔ یہاں کی ویرانی دیکھ کر گھر کی ویرانی یاد آ گئی:

اگ رہا ہے در و دیوار سے سبزہ غالب

ہم بیاباں میں ہیں اور گھر میں بہار آئی ہے!

گزشتہ سال جب اگست میں یہاں ہم آئے تھے تو ان چڑیوں کی آشیاں سازیوں نے بہت پریشاں کر دیا تھا۔ کمرہ کے مشرقی گوشہ میں منہ دھونے کی ٹیبل لگی ہے۔ ٹھیک اِس کے اوپر نہیں معلوم کب سے ایک پرانا گھونسلہ تعمیر پا چکا تھا۔ دن بھر میدان سے تنکے چُن چُن کر لاتیں اور گھونسلے میں بچھانا چاہتیں۔ وہ ٹیبل پر گر کے اسے کوڑے کرکٹ سے اَٹ دیتے۔ اِدھر جگ بھروا کے رکھا، اُدھر تنکوں کی بارش شروع ہو

گئی۔ پچھم کی طرف چارپائی دیوار سے لگی تھی۔ اِس کے اوپر نئی تعمیروں کی سرگرمیاں جاری تھیں۔ اِن نئی تعمیروں کا ہنگامہ اور زیادہ عاجز کردینے والا تھا۔ ان چڑیوں کو ذرا سی تو چونچ ملی ہے اور مٹھی بھر کا بدن نہیں، لیکن طلب و سعی کا جوش اِس بلا کا پایا ہے کہ چند منٹوں کے اندر بالشت بھر کلفات کھود کے صاف کر دیں گی۔ حکیم ارشمیدس (Archimedes) کا مقولہ مشہور ہے:

Dos Mol Pau Sto Kai Ten Gen Kineso

"مجھے فضا میں کھڑے ہونے کی جگہ دے دو، میں کرۂ ارضی کو اس کی جگہ سے ہٹا دوں گا۔"

اس دعوے کی تصدیق اِن چڑیوں کی سرگرمیاں دیکھ کر ہو جاتی ہے۔ پہلے دیوار پر چونچ مار مار کر اتنی جگہ بنا لیں گی کہ پنجے ٹیکنے کا سہارا نکل آئے۔ پھر اس پر پنجے جما کر چونچ کا پھاوڑا چلانا شروع کر دیں گی، اوراِس زور سے چلائیں گی کہ سارا جسم سکڑ سکڑ کر کانپنے لگے گا اور پھر تھوڑی دیر بعد دیکھیے تو کئی انچ کلفات اُڑ چکی ہوگی۔ مکان چونکہ پرانا ہے، اِس لیے نہیں معلوم کتنی مرتبہ چونے اور ریت کی تہیں دیوار پر چڑھتی رہی ہیں۔ اب مل ملا کر تعمیری مسالہ کا ایک موٹا سا دَل بن گیا ہے۔ ٹوٹتا ہے تو سارے کمرے میں گرد کا دھواں پھیل جاتا ہے، اور کپڑوں کو دیکھیے تو غبار کی تہیں جم گئی ہیں۔

اِس مصیبت کا علاج بہت سہل تھا یعنی مکان کی از سرِ نو مرمت کر دی جائے اور تمام گھونسلے بند کر دیے جائیں۔ لیکن مرمت بغیر اس کے ممکن نہ تھی کہ معمار بلائے جائیں، اور یہاں باہر کا کوئی آدمی اندر قدم رکھ نہیں سکتا۔ یہاں ہمارے آتے ہی پانی کے نل بِگڑ گئے تھے۔ ایک معمولی مستری کا کام تھا، لیکن جب تک ایک انگریزی فوجی انجینئر کمانڈنگ آفیسر پروانۂ راہداری لے کر نہیں آیا، ان کی مرمت نہ ہو سکی۔ چند دنوں تک تو میں نے صبر کیا، لیکن پھر برداشت نے صاف جواب دے دیا اور فیصلہ کرنا پڑا کہ اب لڑائی کے بغیر چارہ نہیں

من و گرز و میدان و افراسیاب

یہاں میرے سامان میں ایک چھتری بھی آ گئی ہے۔ میں نے اٹھائی اور اعلانِ جنگ کر دیا۔ لیکن تھوڑی ہی دیر کے بعد معلوم ہو گیا کہ اس کوتاہ دستی کے ساتھ اِن حریفانِ سقف و محراب کا مقابلہ ممکن نہیں۔ حیران ہو کر کبھی چھتری کی نارسائی دیکھتا، کبھی حریفوں کی بلند آشیانی۔ بے اختیار حافظ کا شعر یاد آ گیا :

خیالِ قدِ بلند تو می کند دلِ من

تو دستِ کوتہ من بین و آستین دراز

اب کسی دوسرے ہتھیار کی تلاش شروع ہوئی۔ برآمدہ میں جالا صاف کرنے کا بانس پڑا تھا۔ دوڑتا ہوا گیا اور اُسے اٹھا لایا۔ اب کچھ نہ پوچھئے کہ میدانِ کارزار میں کس زور کا رن پڑا۔ کمرہ میں چاروں طرف حریف طواف کر رہا تھا اور میں بانس اُٹھائے دیوانہ وار اس کے پیچھے دَوڑ رہا تھا۔ فردوسی اور نظامی کے رجز بے اختیار نکل رہے تھے

بہ خنجر زمین رایئستان کنم،

بہ نیزہ ہوا را نَیستان کنم

آخر میدان اپنے ہی ہاتھ رہا، اور تھوڑی دیر کے بعد کمرہ اِن حریفان سقف و محراب سے بالکل صاف تھا:

بہ یک تاختن تا کجا تاختم

چہ گردن کشاں را سر انداختم

اب میں نے چھت کے تمام گوشوں پر فتحمندانہ نظر ڈالی۔ اور مطمئن ہو کر لکھنے میں مشغول ہو گیا۔ لیکن ابھی پندرہ منٹ بھی پورے نہیں گزرے ہوں گے کہ کیا سُنتا ہُوں، حریفوں کی رجز خوانیوں اور ہوا پیمائیوں کی آوازیں پھر اُٹھ رہی ہیں۔ سر اٹھا کے جو دیکھا تو چھت کا ہر گوشہ ان کے قبضہ میں تھا میں فوراً اُٹھا اور بانس لا کر پھر معرکۂ کارزار گرم کر دیا۔

بر آرم دیار از ہمہ لشکرش

بہ آتش بسوزم ہمہ کشورش

اِس مرتبہ حریفوں نے بڑی پامردی دکھائی۔ ایک گوشہ چھوڑنے پر مجبور ہوتے تو دُوسرے میں ڈٹ جاتے لیکن بالآخر میدان کو پیٹھ دکھانی ہی پڑی۔ کمرے سے بھاگ کر برآمدہ میں آئے اور وہاں اپنا لاؤ لشکر نئے سرے سے جمانے لگے۔ میں نے وہاں بھی تعاقب کیا، اور اس وقت تک ہتھیار ہاتھ سے نہیں رکھا کہ سرحد سے بُہت دُور تک میدان صاف نہیں ہو گیا تھا۔

اب دشمن کی فوج تِتّر بِتّر ہو گئی تھی مگر یہ اندیشہ باقی تھا کہ کہیں پھر اکٹھی ہو کر میدان کا رُخ نہ کرے۔ تجربے سے معلوم ہوا تھا کہ بانس کے نیزہ کی ہیبت دشمنوں پر خُوب چھا گئی ہے۔ جس طرح رُخ کرتا تھا، اُسے دیکھتے ہی کلمۂ فرار پڑھتے تھے۔ اس لیے فیصلہ کیا کہ ابھی کچھ عرصہ تک اسے کمرہ ہی میں رہنے دیا جائے۔ اگر کسی اِکا دُکا نے رُخ کرنے کی جُرأت بھی کی تو یہ سر بفلک نیزہ دیکھ کر الٹے پاؤں بھاگنے پر مجبور ہو جائے گا۔ چنانچہ ایسا ہی کیا گیا۔ سب سے پُرانا گھونسلہ مُنہ دھونے کی ٹیبل کے اوپر تھا۔ بانس اس طرح وہاں کھڑا کر دیا گیا کہ اس کا سرا ٹھیک گھونسلے کے دروازے کے پاس پہنچ گیا تھا۔ اب گو مستقبل اندیشوں سے خالی نہ تھا تاہم طبیعت مطمئن تھی کہ

اپنی طرف سے سر و سامانِ جنگ میں کوئی کمی نہیں کی گئی۔ میر کا یہ شعر زبانوں پر چڑھ کہ بُہت پامال ہو چکا ہے تاہم موقعہ کا تقاضا ٹالا بھی نہیں جا سکتا۔

شکست و فتح نصیبوں سے ہے ولے اے میر
مقابلہ تو دلِ ناتواں نے خوب کیا

اب گیارہ بج رہے تھے۔ میں کھانے کے لیے چلا گیا۔ تھوڑی دیر کے بعد واپس آیا تو کمرہ میں قدم رکھتے ہی ٹھٹک کے رہ گیا۔ کیا دیکھتا ہوں کہ سارا کمرہ پھر حریف کے قبضہ میں ہے اور اس اطمینان و فراغت سے اپنے کاموں میں مشغول ہیں، جیسے کوئی حادثہ پیش آیا ہی نہیں۔ سب سے بڑھ کر یہ کہ جس ہتھیار کی ہیبت پر اس درجہ بھروسہ کیا گیا تھا، وہی حریفوں کی کامجوئیوں کا ایک نیا آلہ ثابت ہوا۔ بانس کا سِرا جو گھونسلے سے بالکل لگا ہوا تھا، گھونسلے میں جانے کے لیے اب دہلیز کا کام دینے لگا ہے۔ تنکے چُن چُن کر لاتے ہیں، اور ان نو تعمیر دہلیز پر بیٹھ کر بہ اطمینان تمام گھونسلے بچھاتے ہیں۔ ساتھ ہی چُوں چُوں بھی کرتے جاتے ہیں۔ عجیب نہیں یہ مصرعہ گنگنا رہے ہوں کہ :

عُدو شود سببِ خیر گر خُدا خواہد

اپنی وہمی فتحمندیوں کا یہ حسرت انگیز انجام دیکھ کر بے اختیار ہمت نے جواب دے دیا۔ صاف نظر آ گیا کہ چند لمحوں کے لیے حریف کو عاجز کر دینا آسان ہے مگر اُن کے

جوشِ استقامت کا مقابلہ کرنا آسان نہیں، اوراب اس میدان میں ہارمان لینے کے سوا کوئی چارہَ کار نہیں رہا۔

بیاکہ ماسپرانداختیم اگرجنگ است

اب یہ فکر ہوئی کہ ایسی رسم و راہ اِختیار کرنی چاہیے کہ ان ناخواندہ مہمانوں کے ساتھ ایک گھر میں گزارہ ہو سکے۔ سب سے پہلے چارپائی کا معاملہ سامنے آیا۔ یہ بالکل نئی تعمیرات کی زد میں تھی۔ پرانی عمارت کے گرنے اور نئی تعمیروں کے سر و سامان سے جس قدر گرد و غبار اور کوڑا کرکٹ نکلتا۔ سب کا سب اسی پر گرتا۔ اس لیے اسے دیوار سے اتنا ہٹا دیا گیا کہ براہِ راست زد میں نہ رہے۔ اِس تبدیلی سے کمرہ کی شکل ضرور بگڑ گئی، لیکن اب اس کا علاج ہی کیا تھا؟ جب خود اپنا گھر ہی اپنے قبضہ میں نہ رہا تو پھر شکل و ترتیب کی آرائشوں کی کسے فکر ہو سکتی تھی؟ البتہ مُنہ دھونے کے ٹیبل کا معاملہ اتنا آسان نہ تھا۔ وہ جس گوشے میں رکھا گیا تھا، صرف وہی جگہ اس کے لیے نکل سکتی تھی، ذرا بھی ادھر ادھر کرنے کی گنجائش نہ تھی۔ مجبوراً یہ انتظام کرنا پڑا کہ بازار سے بہت سے جھاڑن منگوا کر رکھ لیے اور ٹیبل کی ہر چیز پر ایک ایک جھاڑن ڈال دیا۔ تھوڑی تھوڑی دیر کے بعد انہیں اٹھا کر جھاڑ دیتا اور پھر ڈال دیتا۔ ایک زیادہ مشکل مسئلہ فرش کی صفائی کا تھا۔ لیکن اُسے بھی کسی نہ کسی طرح حل کیا گیا۔ یہ بات طے کر لی گئی کہ صبح

کی معمولی صفائی کے علاوہ بھی کمرے میں بار بار جھاڑو پھر جانا چاہیے ایک نیا جھاڑو منگوا کر الماری کی آڑ میں چھُپا دیا۔ کبھی دن میں دو مرتبہ، کبھی تین مرتبہ کبھی اس سے بھی زیادہ اس سے کام لینے کی ضرورت پیش آتی۔ یہاں ہر دو کمرے کے پیچھے ایک قیدی صفائی کے لیے دیا گیا ہے۔ ظاہر ہے کہ وہ ہر وقت جھاڑو لیے کھڑا نہیں رہ سکتا۔ اور اگر رہ بھی سکتا تو اس پر اتنا بوجھ ڈالنا انصاف کے خلاف تھا۔ اس لیے یہ طریقہ اختیار کرنا پڑا کہ خود ہی جھاڑو اٹھا لیا، اور ہم سایوں کی نظریں بچا کے جلد جلد دو چار ہاتھ مار دیے۔ دیکھیے ان ناخواندہ مہمانوں کی خاطر تواضع میں کنّاسی تک کرنی پڑی۔

عشق ازیں بسیار کردست وکند

ایک دن خیال ہوا کہ جب صلح ہو گئی تو چاہیے کہ پوری طرح صلح ہو۔ یہ ٹھیک نہیں کہ رہیں ایک ہی گھر میں، اور رہیں بیگانوں کی طرح۔ میں نے باورچی خانے سے تھوڑا سا کچا چاول منگوایا، اور جس صوفے پر بیٹھا کرتا ہوں، اس کے سامنے کی دری پر چند دانے چھٹک دیے۔ پھر اس طرح سنبھل کے بیٹھ گیا، جیسے شکاری دام بچھا کے بیٹھ جاتا ہے۔ دیکھیے، عرفی کا شعر صورت حال پر کیسا چسپاں ہوا ہے

فتادم دام بر کنجشک و شادم، یادِ آں ہمت

کہ گر سیمرغ می آمد بدام، آزاد می کردم!

کچھ دیر تک تو مہمانوں کی توجہ نہیں ہوئی۔ اور اگر ہوئی بھی تو ایک غلط اندازِ نظر سے معاملہ آگے نہیں بڑھا۔ لیکن پھر صاف نظر آگیا کہ معشوقانِ ستم پیشہ کے تغافل کی طرح یہ تغافل بھی نظربازی کا ایک پردہ ہے۔ ورنہ نیلے رنگ کی دری پر سفید سفید ابھرے ہوئے دانوں کی کشش ایسی نہیں کہ کام نہ کر جائے۔

حور و جنت جلوہ بر زاہد دہد، در راہ دوست

اندک اندک عشق در کار آورد بیگانہ را

پہلے ایک چڑیا آئی اور ادھر ادھر کودنے لگی۔ بظاہر چہچہانے میں مشغول تھی مگر نظر دانوں پر تھی۔ وحشی یزدی خوب کہہ گیا ہے:

چہ لطف ہا کہ دریں شیوۂ نہانی نیست

عنایتے کہ تو داری بمن بیانی نیست

پھر دوسری آئی اور پہلی کے ساتھ مل دری کا طواف کرنے لگی۔ پھر تیسری اور چوتھی بھی پہنچ گئی۔ کبھی دانوں پر نظر پڑتی، کبھی دانہ ڈالنے والے پر۔ کبھی ایسا معلوم ہوتا کہ جیسے آپس میں کچھ مشورہ ہو رہا ہے۔ کبھی معلوم ہوتا ہر فرد غور و فکر میں ڈوبا ہوا ہے۔ آپ نے غور کیا ہوگا کہ گوریّا جب تفتیش اور تفحص کی نگاہوں سے دیکھتی ہے تو اس کے چہرے کا کچھ عجیب سنجیدہ انداز ہو جاتا ہے۔ پہلے گردن اٹھا کر سامنے کی طرف

دیکھے گی۔ پھر گردن موڑ کے داہنے بائیں دیکھنے لگے گی۔ پھر کبھی گردن کو موڑ دے کر اوپر کی طرف نظر اٹھائے گی اور چہرے پر تفحص و استفہام کا کچھ ایسا انداز چھا جائے گا، جیسے ایک آدمی ہر طرف متعجبانہ نگاہ ڈال ڈال کر اپنے آپ سے کہہ رہا ہو کہ آخر یہ معاملہ ہے کیا؟ اور ہو کیا رہا ہے؟ ایسی متفحص نگاہیں اس وقت بھی ہر چہرہ پر ابھر رہی تھیں۔

پایم بہ پیش از سرِ ایں کُو نمی رَود
یاراں خبر دہید کہ ایں جلوہ گاہِ کیست؟

پھر کچھ دیر کے بعد آہستہ آہستہ قدم بڑھنے لگے۔ لیکن براہِ راست دانوں کی طرف نہیں۔ آڑے ترچھے ہو کر بڑھتے اور کترا کر نکل جاتے۔ گویا یہ بات دکھائی جا رہی تھی کہ خدا نخواستہ ہم دانوں کی طرف نہیں بڑھ رہے۔ دروغِ راست مانند کی یہ نمائش دیکھ کر بے اختیار ظہوری کا شعر یاد آ گیا:

بگو حدیثِ وفا، از تو بادرست، بگو
شوم فدائے دروغے کہ راست مانند ست

آپ جانتے ہیں کہ صید سے کہیں زیادہ صیاد کو اپنی نگرانیاں کرنی پڑتی ہیں، جونہی ان کے قدموں کا رخ دانوں کی طرف پھرا، میں نے دم سادھ لیا، نگاہیں دُوسری طرف کر

لیں، اور سارا جسم پتھر کی طرح بے حس و حرکت بنا لیا۔ گویا آدمی کی جگہ پتھر کی ایک مورتی دھری ہے۔ کیونکہ جانتا تھا، اگر نگاہِ شوق نے مضطرب ہو کر ذرا بھی جلد بازی کی، تو شکار دام کے پاس آتے آتے نکل جائے گا۔ یہ گویا نازِ حسن اور نیازِ عشق کے معاملات کا پہلا مرحلہ تھا۔

نہاں ازو بہ رخش داشتم تماشائے

نظر بہ جانبِ ما کرد و شرمسار شدم

خیر، خدا خدا کر کے اس عشوۂ تغافل نما کے ابتدائی مرحلے طے ہوئے، اور ایک بتِ طنّاز نے صاف صاف دانوں کی طرف رُخ کیا۔ مگر یہ رُخ تھا۔ ہزار تغافل اِس کے جلو میں چل رہے تھے۔ میں بے حس و حرکت بیٹھا دل ہی دل میں کہہ رہا تھا:

بہ ہر کُجا ناز سر بر آرد، نیاز ہم پائے کم نہ دارد

تو وُ خرامے و صد تغافل، من و نِگاہے و صد تمنا

ایک قدم آگے بڑھتا تھا تو دو قدم پیچھے ہٹتے تھے۔ میں جی ہی جی میں کہہ رہا تھا کہ التفات و تغافل کا یہ ملا جلا انداز بھی کیا خوب انداز ہے۔ کاش تھوڑی سی تبدیلی اس میں کی جا سکتی۔ دو قدم آگے بڑھتے۔ ایک قدم پیچھے ہٹتا۔ غالب بھی کیا خوب کہہ گیا ہے:

وداع و وصل جداگانہ لذتے دارد

ہزار بار برَو، صد ہزار بار بیا

التفات و تغافل کی اِن عشوہ گریوں کی ابھی جلوہ فروشی ہو ہی رہی تھی کہ ناگہاں ایک تنومند چڑے نے جو اپنی قلندرانہ بے دماغی اور رندانہ جراتوں کے لحاظ سے پورے حلقہ میں ممتاز تھا، سلسلہٴ کار کی درازی سے اکتا کر بے باکانہ اقدام اٹھا دیا۔ اور زبانِ حال سے یہ نعرہٴ مستانہ لگاتا ہوا، بہ یک دفعہ دانوں پر ٹوٹ پڑا کہ :

زدیم بر صفِ رنداں و ہر چہ بادا باد

اِس ایک قدم کا اٹھنا تھا کہ معلوم ہوا، جیسے اچانک تمام رُکے ہوئے قدموں کے بندھن کھل پڑے۔ اب نہ کسی قدم میں جھجک تھی، نہ کسی نگاہ میں تذبذب، مجمع کا مجمع بہ یک دفعہ دانوں پر ٹوٹ پڑا۔ اور اگر انگریزی محاورہ کی تعبیر مستعار لی جائے تو کہا جا سکتا ہے کہ حجاب و تامل کی ساری برف اچانک ٹوٹ گئی۔ یا یوں کہیے کہ پگھل گئی۔ غور کیجئے، تو اس کارگاہِ عمل کے ہر گوشہ کی قدم رانیاں ہمیشہ اسی ایک قدم کے انتظار میں رہا کرتی ہیں۔ جب تک یہ نہیں اٹھتا۔ سارے قدم زمین میں گڑے رہتے ہیں۔ یہ اُٹھا اور گویا ساری دنیا اچانک اٹھ گئی :

نامردی و مردی قدمے فاصلہ دارد

اِس بزمِ سُود و زیاں میں کامرانی کا جام کبھی کوتاہ دستوں کے لیے نہیں بھرا گیا وہ ہمیشہ انہی کے حصے میں آیا جو خود بڑھ کر اٹھا لینے کی جرات رکھتے تھے۔ شادؔ عظیم آبادی مرحوم نے ایک شعر کیا خوب کہا تھا:

یہ بزمِ مے ہے، یاں کوتاہ دستی میں ہے محرومی
جو بڑھ کر خود اٹھا لے ہاتھ میں، مینا اُسی کا ہے

اِس چڑے کا یہ بے باکانہ اقدام کچھ ایسا دل پسند واقع ہوا، کہ اُسی وقت دل نے ٹھان لی، اِس مردِ کار سے رسم و راہ بڑھانی چاہیے۔ میں نے اس کا نام قلندر رکھ دیا۔ کیونکہ بے دماغی اور دارستگی کی سرگرانیوں کے ساتھ ایک خاص طرح کا بانکپن بھی ملا ہوا تھا۔ اور اس کی وضعِ قلندرانہ کو آب و تاب دے رہا تھا:

رہے اِک بانکپن بھی بے دماغی میں تو زیبا ہے
بڑھا دو چینِ ابرو پر ادائے کج کلاہی کو

دو تین دن تک اسی طرح ان کی خاطر تواضع ہوتی رہی۔ دِن میں دو تین مرتبہ دانے دری پر ڈال دیتا۔ ایک ایک کر کے آتے، اور ایک ایک دانہ چن لیتے کبھی دانہ ڈالنے میں دیر ہو جاتی تو قلندر آ کر چوں چوں کرنا شروع کر دیتا کہ وقت معہود گزر رہا ہے۔ اس

صورت حال نے اب اطمینان دلا دیا تھا کہ پردۂ حجاب اٹھ چکا۔ وہ وقت دور نہیں کہ رہی سہی جھجک بھی نکل جائے گی۔

اور کھل جائیں گے دو چار ملاقاتوں میں!

چند دنوں کے بعد میں نے اس معاملہ کا دوسرا قدم اٹھایا۔ سگرٹ کے خالی ٹین کا ایک ڈھکنا لیا۔ اِس میں چاول کے دانے ڈالے، اور ڈھکنا دری کے کنارے رکھ دیا۔ فوراً مہمانوں کی نظر پڑی۔ کوئی ڈھکنے کے پاس آ کر منہ مارنے لگا۔ کوئی ڈھکنے کے کنارے پر چڑھ کر زیادہ جمعیتِ خاطر کے ساتھ چگنے میں مشغول ہو گیا۔ آپس میں رقیبانہ ردّ و کد بھی ہوتی رہی۔ جب دیکھا کہ اس طریقِ ضیافت سے طبیعتیں آشنا ہو گئی ہیں تو دوسرے دن ڈھکنا دری کے کنارے سے سے کچھ ہٹا کر رکھا۔ تیسرے دن اور زیادہ ہٹا دیا۔ اور بالکل اپنے سامنے رکھ دیا۔ گویا اس طرح بتدریج بُعد سے قُرب کی طرف معاملہ بڑھ رہا تھا۔ دیکھیے بُعد و قُرب کے معاملہ نے عالیہ بنت المہدی کا مطلع یاد دلا دیا:

و حبب، فان الحب داعیۃ الحب

و کم من بعید الدار مستوجب القرب

اتنا قریب دیکھ کر پہلے تو مہمانوں کو کچھ تامل ہوا۔ دری کے پاس آ گئے مگر قدموں میں جھجک تھی اور نگاہوں میں تذبذب بول رہا تھا۔ لیکن اتنے میں قلندرانہ اپنے قلندرانہ

نعرے لگاتا ہوا آ پہنچا، اور اس کی رندانہ جرأتیں دیکھ کر سب کی جھجک دور ہو گئی۔ گویا اِس راہ میں سب قلندر ہی کے پیرو ہوئے۔ جہاں اس کا قدم اٹھا، سب کے اٹھ گئے، وہ دانوں پر چونچ مارتا، پھر سر اٹھا کے اور سینہ تان کے زبانِ حال سے مترنم ہوا:

وما الدہر، اِلامن رواۃ قصائدی

اذا قلت شعرا، اَصبح الدہر منشدا

جب معاملہ یہاں تک پہنچ گیا، تو پھر ایک قدم اور اُٹھایا گیا اور دانوں کا برتن دری سے اٹھا کے تپائی پر رکھ دیا۔ یہ تپائی میرے بائیں جانب صوفے سے لگی رہتی ہے اور پوری طرح میرے ہاتھ کی زد میں ہے۔ اس تبدیلی سے خوگر ہونے میں کچھ دیر لگی، بار بار آتے اور تپائی کا چکر لگا کر چلے جاتے۔ بالآخر یہاں بھی قلندر ہی کو پہلا قدم بڑھانا پڑا اور اس کا بڑھنا تھا کہ یہ منزل بھی پچھلی منزل کی طرح سب پر کھل گئی۔ اب تپائی کبھی توان کی مجلس آرائیوں کا ایوانِ طرب بنتی اور کبھی باہمی معرکہ آرائیوں کا اکھاڑا۔

جب اس قدر نزدیک آجانے کے خوگر ہو گئے تو میں نے خیال کیا، اب معاملہ کچھ اور آگے بڑھایا جا سکتا ہے۔ ایک دن صبح یہ کیا کہ چاول کا برتن صوفے پر ٹھیک اپنی بغل میں رکھ دیا اور پھر لکھنے میں اس طرح مشغول ہو گیا کہ گویا اس معاملے سے کوئی سروکار نہیں:

دل و جانم بتو مشغول و نظر بر چپ و راست
تا نہ دانند رقیباں کہ تو منظورِ منی!

تھوڑی دیر کے بعد کیا سنتا ہوں کہ زور زور سے چونچ مارنے کی آواز آ رہی ہے۔ کنکھیوں سے دیکھا تو معلوم ہوا کہ ہمارا پرانا دوست قلندر پہنچ گیا ہے اور بے تکان چونچ مار رہا ہے۔ ڈھکنا چونکہ بالکل پاس دھرا تھا، اس لیے اس کی دم میرے گھٹنے کو چھو رہی تھی۔ تھوڑی دیر کے بعد دوسرے یارانِ تیز گام بھی پہنچ گئے، اور پھر تو یہ حال ہو گیا کہ ہر وقت دو تین دوستوں کا حلقہ بے تکلف میری بغل میں اچھل کود کرتا رہتا۔ کبھی کوئی صوفے کی پشت پر چڑھ جاتا، کبھی کوئی جست لگا کر کتابوں پر کھڑا ہو جاتا، کبھی نیچے اُتر آتا اور چوں چوں کر کے واپس آ جاتا۔ بے تکلفی کی اس اچھل کود میں کئی مرتبہ ایسا بھی ہوا کہ میرے کاندھے کو درخت کی ایک جھکی ہوئی شاخ سمجھ کر اپنی جست و خیز کا نشانہ بنانا چاہا، لیکن پھر چونک کر پلٹ گئے، یا پنجوں سے اسے چھوا اور اوپر ہی اوپر نکل گئے۔ گویا ابھی معاملہ اس منزل سے آگے نہیں بڑھا تھا، جس کا نقشہ وحشی یزدی نے کھینچا ہے:

ہنوز عاشقی و دِلربائیے نہ شدہ است
ہنوز زوری و مرد آزمائیے نہ شدہ است

ہمیں تواضع عام است حسن را با عشق

میانِ نازو نیاز آشنا ئیے نہ شدہ است

بہر حال رفتہ رفتہ ان آہوانِ ہوائی کو یقین ہو گیا کہ یہ صورت ہمیشہ صوفے پر دکھائی دیتی ہے، آدمی ہونے پر بھی آدمیوں کی طرح خطرناک نہیں ہے۔ دیکھیے محبت کا افسوں جو انسانوں کو رام نہیں کر سکتا، وحشی پرندوں کو رام کر لیتا ہے :

درسِ وفا اگر بود زمزمۂ محبتے

جمعہ بہ مکتب آورد طفل گریز پائے را

بارہا ایسا ہوا کہ میں اپنے خیالات میں محو، لکھنے میں مشغول ہوں، اتنے میں کوئی دلنشیں بات نوک قلم پر آ گئی یا عبارت کی مناسبت نے اچانک کوئی پر کیف شعر یاد دلا دیا، اور بے اختیار اس کی کیفیت کی خود رفتگی میں میرا سر و شانہ ہلنے لگا، یا منہ سے "ہا" نکل گیا، اور یکایک زور سے پروں کے اڑنے کی ایک پھر سی آواز سنائی دی۔ اب جو دیکھتا ہوں تو معلوم ہوا کہ ان یارانِ بے تکلف کا ایک طائفہ میری بغل میں بیٹھا بے تامل اپنی اچھل کود میں مشغول تھا۔ اچانک انہوں نے دیکھا کہ یہ پتھر اب ہلنے لگا ہے، تو گھبرا کر اڑ گئے۔ عجب نہیں، اپنے جی میں کہتے ہوں، یہاں صوفے پر ایک پتھر پڑا رہتا ہے، لیکن کبھی کبھی آدمی بن جاتا ہے۔

خط نمبر ۲۰

قلعہ احمد نگر

۱۸ مارچ ۱۹۴۳ء

صدیق مکرم

کل جو کہانی شروع ہوئی تھی، وہ ابھی ختم کہاں ہوئی؟ آیئے آج آپ کو اس "منطق الطیر" کا ایک دوسرا باب سناؤں۔ معلوم نہیں، اگر آپ سنتے ہوتے تو شوق ظاہر کرتے یا اکتا جاتے؟ لیکن اپنی طبیعت کو دیکھتا ہوں تو ایسا معلوم ہوتا ہے جیسے داستان سرائیوں سے تھکنا بالکل بھول گئی ہو۔ داستانیں جتنی پھیلتی جاتی ہیں، ذوقِ داستان سرائی بھی اتنا ہی بڑھتا جاتا ہے۔

فرخندہ شبے باید و خوش مہتابے

تا با تو حکایت کنم از ہر بابے

ان یارانِ سقف و محاریب میں اور مجھ میں اب خوف و تذبذب کا اک ہلکا سا پردہ حائل رہ گیا تھا چند دنوں میں وہ بھی اٹھ گیا۔

انہیں چھت سے صوفے پر اُترنے کے لیے چند درمیانی منزلوں کی ضرورت تھی۔ اب یہ طریقہ اختیار کیا گیا کہ پہلی منزل کا کام پنکھے کے دستوں سے لیتے اور دوسری کا میرے سر اور کاندھوں سے۔ باہر سے اُڑتے ہوئے کمرے میں آئے اور سیدھے اپنے گھونسلے میں پہنچ گئے۔ پھر وہاں سے سر نکال کر ہر طرف نظر دوڑائی اور پورے کمرے کا جائزہ لے لیا۔ پھر وہاں سے اڑے اور سیدھے پنکھے کے دستے پر پہنچ گئے۔

پھر دستے سے جو کودے، تو کبھی

میرے سر کو اپنے قدموں کی جولا نگاہ بنایا، کبھی کاندھوں کو اپنے جلوس سے عزت بخشی۔ دیکھیے ان چڑیوں نے نہیں معلوم کتنے برسوں کے بعد مومن خان کی ترکیب بند یاد دلا دیا!

جولاں کو ہے اس کی قصدِ پامال

اے خاک! نوید سرفرازی

پہلی دفعہ تو اس ناگہانی نزول اجلال نے مجھے چونکا دیا تھا اور شرمندگی کے ساتھ اعتراف کرنا پڑتا ہے کہ چونک کر ہل گیا تھا۔ پھر قدرتی طور پر ان آشنایانِ زود گسل پر یہ

ناقدر شناسی گراں گزری ہوگی۔ لیکن یہ جو کچھ ہوا محض ایک اضطراری سہو تھا۔ طبیعت فوراً متنبہ ہوگئی۔ اور پھر تو سر اور کاندھا کچھ ایسا بے حس ہوکر رہ گیا کہ منارہ کی چھتری کی جگہ بالا خانے کا کام دینے لگا۔ پنکھے سے اتر کر سیدھے کاندھے پر پہنچتے۔ کچھ دیر چہچہاتے اور پھر کُود کر صوفے پر پہنچ جاتے۔ کئی بار ایسا بھی ہوا کہ کاندھے پر سے جَست لگائی اور سر پر جا بیٹھے۔ آپ کو معلوم ہے کہ آتشی قندھاری نے اپنی آنکھوں کی کشتی بنائی تھی۔ بدایونی نے اس کا شعر نقل کیا ہے۔

سر شکم رفتہ رفتہ بے تو دریا شد، تماشا کن

بیا، در کشتی چشمم نشین و سیر دریا کن

اور ہمارے سودا کو تامل ہوا تھا۔

آنکھوں میں دوں آئینہ رُو کو جگہ و لے

ٹپکا کرے ہے بسکہ یہ گھر، نم بہت ہے یاں

لیکن میری زبان حال کو شیخ شیراز کی التجائے نیاز مستعار لینی پڑی:

گر بر سر و چشم من نشینی

نازت بکشم کہ نازنینی

جب معاملہ یہاں تک پہنچ گیا تو خیال ہوا اب ایک اور تجربہ بھی کیوں نہ کر لیا جائے؟ ایک صبح میں نے دانوں کا برتن کچھ نہیں رکھا، مہمانان با صفا بار بار آئے اور سفرہ ضیافت دکھائی نہیں دیا تو ادھر اُدھر چکر لگانے اور شور مچانے لگے۔ اب میں نے برتن نکال کے ہتھیلی پر رکھ لیا اور ہتھیلی صوفے پر رکھ دی۔ جونہی قلندر کی نظر پڑی۔ معاً جست لگائی اور ایک چکر لگا کے انگوٹھے پر آ کھڑا ہوا اور پھر تیزی کے ساتھ دانوں پر چونچ مارنے لگا۔ اس تیزی میں کچھ تو طبع قلندرانہ کا قدرتی تقاضہ تھا اور کچھ یہ وجہ بھی ہو گی کہ دیر تک دانوں کا انتظار کرنا پڑا تھا۔ چونچ کی تیز ضربوں سے دانے اُڑ اُڑ کر ڈھکنے سے باہر گرنے لگے۔ ایک دانہ انگلی کی جڑ کے پاس گر گیا، اس نے فوراً وہاں بھی ایک چونچ مار دی اور ایسی خارا شگاف ماری کہ کیا کہوں۔ اگر ان ستم پیشوں کے جور و جفا کا خوگر نہ ہو چکا ہوتا تو یقین کیجیے، بے اختیار منہ سے چیخ نکل جاتی۔

من کشتۂ کرشمہ مژگاں کہ بر جگر

خنجر زد آں چناں کہ نگہ را خبر نہ شد

اب میں نے ہتھیلی برتن سمیت اُوپر اٹھا لی اور ہوا میں معلق کر دی۔ تھوڑی دیر نہیں گزری تھی کہ ایک دوسری چڑیا آئی۔ ابھی تھوڑی دیر کے بعد آپ کو معلوم ہو گا کہ اس کا نام موتی ہے۔ موتی نے ہتھیلی کے اُوپر ایک دو چکر لگائے اور نکل گئی گویا اندازہ

کرنا چاہتی تھی اس جزیرہ پر اُترنے کے لیے محفوظ جگہ کون سی ہوگی۔ پھر دوبارہ آئی اور کہنی کے پاس اُتر کر سیدھی پہنچے تک پہنچ گئی اور پہنچے سے ہتھیلی کی خاکنائے پر اُتر کر بے تکان "منقار درازیاں" شروع کردیں۔ اس میں کوئی دانہ قاب کے باہر گرگیا، تو چونچ کا ایک نشتر اس پر بھی لگادیا۔ دیکھیے "دست درازی" کی ترکیب میں تصرف کر کے مجھے "مِنقار درازی" کی ترکیب وضع کرنی پڑی۔ جانتا ہوں کہ محاورات میں تصرفات کی گنجائش نہیں ہوتی، مگر کیا کیا جائے، سابقہ ایسے یارانِ کوتہ آستین سے آپڑا، جو ہاتھ کی جگہ منہ سے "درازدستیاں" کرتے ہیں۔

درازدستی ایں کوتہ آستیناں بیں!

لیکن اس آخری تجربے نے طبع کاوش پسند کو ایک دوسری ہی فکر میں ڈال دیا۔ ذوقِ عشق کی اس کوتاہی پر شرم آئی کہ ہتھیلی موجود ہے اور میں نامراد ٹین کے ڈھکنے پر ان منقاروں کی نشتر زنی ضائع کر رہا ہوں۔ میں نے دوسرے دن ٹین کا ڈھکنا ہٹا دیا۔ چاول کے دانے ہتھیلی پر رکھے اور ہتھیلی پھیلا کر صوفے پر رکھ دی۔ سب سے پہلے موتی آئی اور گردن اٹھا اٹھا کر دیکھنے لگی کہ آج ڈھکنا کیوں دکھائی نہیں دیتا! تو یہ اس بستی کی سب سے زیادہ خوبصورت چڑیا ہے۔ آج کل حسن کی نمائشوں میں خوبروئی اور دلآویزی کا جو فتنہ گر سب سے زیادہ کامیاب ہوتا ہے۔ اسے پورے ملک کی نسبت

سے موسوم کر دیا کرتے ہیں۔ مثلاً کہیں گے مس انگلینڈ۔ مادی موازیل (Made Moiselle) فرانس۔ گویا یاک حسین چہرے کے چمکنے سے سارے ملک و قوم کا چہرہ دمک اٹھتا ہے۔

کند خویش وتبار از تو نازو می زیبد

بہ حسنِ یک تن اگر صد قبیلہ ناز کند

اگر یہ طریقہ موتی کے لیے کام میں لایا جائے تو اسے "مادام قلعہ احمد نگر" سے موسوم کر سکتے ہیں۔

ایں نگاہیست کہ شایستۂ دیدارے ہست

چھریرا بدن، نکلتی ہوئی گردن، مخروطی دُم، اور گول گول آنکھوں میں ایک عجیب طرح کا بولتا ہوا بھولا پن جب دانہ چگنے کے لیے آئے گی، تو ہر دانے پر میری طرف دیکھتی جائے گی۔ ہم دونوں کی زبانیں خاموش رہتی ہیں مگر نگاہیں گویا ہو گئی ہیں۔ وہ میری نگاہوں کی بولی سمجھنے لگی ہے، میں نے اس کی نگاہوں کو پڑھنا سیکھ لیا ہے۔ ہا، وحشیؔ یزدی نے ان معاملات کو کیا ڈوب کر کہا ہے۔

کرشمہ گرمِ سوال ست، لب مکن رنجہ

کہ احتیاج بہ پرسیدن زبانی نیست

بہر حال اس موقعہ پر بھی اس کی بے ساختہ نگاہوں نے مجھ سے کچھ کہا اور پھر بغیر کسی جھجک کے جست لگا کے انگوٹھے کی جڑ پر آ کھڑی ہوئی اور دانوں پر چونچ مارنا شروع کر دیا۔ یہ نہیں تھی، نشتر کی نوک تھی، جو اگر چاہتی تو ہتھیلی کے آر پار ہو جاتی مگر صرف چر کے لگا لگا کے رک جاتی تھی۔

یک ناوکِ کاری زکمان تو نہ خوردم

ہر زخمِ تو محتاج بہ زخمِ دگرم کرد،

ہر ہر مرتبہ گردن موڑ کے میری طرف دیکھتی بھی جاتی تھی۔ گویا پوچھ رہی تھی کہ درد تو نہیں رہا بھلا میں جاں باختہ لذتِ اَلم اس کا کیا جواب دیتا:

ایں سخن را چہ جواب است، تو ہم میدانی

مرزا صائبؔ کا یہ شعر آپ کی نگاہوں سے گزرا ہوگا:

خویش را بر نوکِ مژگانِ ستم کیشاں زدم

آں قدر زخمے کہ دل می خواست در خنجر نہ بود

مُجھے اس میں اس قدر تصرف کرنا پڑا کہ مژگاں کی جگہ "مِنقار" کر دیا۔

خویش را بر نوکِ منقار ستم کیشاں زدم

آں قدر زخمے کہ دل می خواست در خنجر نہ بود

درد کا حال تو معلوم نہیں، مگر چونچ کی ہر ضرب جو پڑتی تھی، ہتھیلی کی سطح پر ایک گہرا زخم ڈال کے اٹھتی تھی۔

رسیدن ہائے منقارِ ہُما بر استخواں غالبؔ

پس از عمرے بیادم داد رسم و راہ پیکاں را

اس بستی کے اگر عام باشندوں سے قطع نظر کر لی جائے، تو خواص میں چند شخصیتیں خصوصیت کے ساتھ قابل ذکر ہیں۔ قلندر اور موتی سے آپ کی تقریب ہو چکی ہے، اب مختصراً ملا اور صوفی کا حال سن لیجیے۔ ایک چڑا بڑا ہی تنومند اور جھگڑالو ہے۔ جب دیکھو، زبان فر فر چل رہی ہے، اور سر اٹھا ہوا اور سینہ تنا ہوا رہتا ہے۔ جو بھی سامنے آ جائے، دو دو ہاتھ کیے بغیر نہیں رہے گا۔ کیا مجال کہ ہمسایہ کا کوئی چڑا اس محلہ کے اندر قدم رکھ سکے۔ کئی شہ زوروں نے ہمت دکھائی لیکن پہلے مقابلہ میں چت ہو گئے۔ جب کبھی فرش پر یارانِ شہر کی مجلس آراستہ ہوتی ہے، تو یہ سر و سینہ کو جنبش دیتا ہوا اور داہنے بائیں نظر ڈالتا ہوا فوراً آ موجود ہوتا ہے، اور آتے ہی اُچک کر کسی بلند جگہ پہنچ جاتا ہے۔ پھر اپنے شیوہ خاص میں اس تسلسل کے ساتھ چوں چاں شروع کر دیتا ہے کہ ٹھیک ٹھیک قاآنی کے واعظکِ جامع کا نقشہ آنکھوں میں پھر جاتا ہے:

وی واعظکے آمد در مسجد جامع

چوں برف ہمہ جامہ سپید از پا تا سر
چشمش بسوئے چپ و چشمش بسوئے راست
تا خود کے سلامے کند از منعم و مضطر
زاں سال کہ خرامد بہ رسَن مردِ رسَن باز
آہستہ خرامیدی و موزوں و موٗقر
فارغ نہ شدہ خلق ز تسلیم و تشہد
برجست چو بوزینہ و بہشست بہ منبر
وانگہ بہ سر و گردن و ریش و لب و بینی
بس عشوہ بیاوردہ سخن کرد چنیں سر

فرمائیے، اگر اس کا نام مُلا نہ رکھتا تو اور کیا رکھتا؟ ٹھیک اس کے برعکس ایک دوسرا چڑا ہے۔ تعرف الاشیاء باضدادہا۔ اُسے جب دیکھیے اپنی حالت میں گم اور خاموش ہے :

کاں را کہ کبر شد، خبرش باز نیامد

بہت کیا، تو کبھی کبھار ایک ہلکی سے ناتمام چوں کی آواز نکال دی اور اس ناتمام چوں کا بھی انداز لفظ و سخن کا سا نہیں ہوتا، بلکہ ایک ایسی آواز ہوتی ہے، جیسے کوئی آدمی سر جھکائے اپنی حالت میں گم پڑا رہتا ہو، اور کبھی کبھی سر اٹھا کے "ہا" کردیتا ہو:

تا بو بیدار شوی، نالہ کشیدم، ورنہ

عشق ریست کہ بے آہ و فغاں نیز کند

دوسرے چڑے اس کا پیچھا کرتے رہتے ہیں، گویا اس کی کم سخنی سے عاجز آ گئے ہیں۔ پھر بھی اس کی زبان کھلتی نہیں۔ البتہ نگاہوں پر کان لگائیے، تو ان کی صدائے خاموشی سنی جا سکتی ہے:

تو نظر باز نۂ، ورنہ تغافل نگہ ست

تو زبان فہم نۂ، ورنہ خموشی سخن ست

میں نے یہ حال دیکھا تو اس کا نام صوفی رکھ دیا اور واقعہ یہ ہے کہ یہ تلقب،

جامۂ بود کہ بر قامت او دوختہ بود!

صبح جب اس بستی کے تمام باشندے باہر نکلتے ہیں، تو برآمدہ اور میدان میں عجیب چہل پہل ہونے لگتی ہے۔ کوئی پھول کے گملوں پر کودتا پھرتا ہے۔ کوئی کروٹین کی شاخوں میں جھولا جھولنے لگتا ہے۔ ایک جوڑے نے غسل کا تہیہ کیا اور اس انتظار میں رہا کہ

کب پھولوں کے تختوں میں پانی ڈالا جاتا ہے۔ جونہی پانی ڈالا گیا، فوراً حوض میں اُتر گیا اور پروں کو تیزی کے ساتھ کھولنے اور بند کرنے لگا۔ ایک دوسرے جوڑے کو آس پاس پانی نہیں ملا تو فَتَیَمَّمُوْا صَعِیدًا طَیِّباً پڑھتا ہوا مٹی ہی میں نہانا شروع کر دیا۔ پہلے چونچ مار مار کے اتنی مٹی کھود ڈالی کہ سینے تک ڈوب سکے۔ پھر اس گڑھے میں بیٹھ کر اس طرح پاکوبیاں اور پر افشانیاں شروع کر دیں کہ گرد و خاک کا ایک طوفان اُٹھ کھڑا ہوا۔ کچھ فاصلہ پر ملا حسب معمول کسی حریف سے کشتی لڑنے میں مشغول ہے۔ ان کے لڑنے کی خود فروشیوں کا بھی عجیب حال ہوتا ہے :

لڑتے ہیں اور ہاتھ میں تلوار نہیں

یعنی ہاتھ کو دیکھیے تو ہتھیار سے یک قلم خالی ہے، بلکہ سرے سے ہاتھ ہے ہی نہیں :

دہن کا ذکر کیا، یاں سر ہی غائب ہے گریباں سے

مگر چونچ کو دیکھیے تو سارے ہتھیاروں کی کمی پوری کر رہی ہے۔ جوشِ غضب میں آ کر اس طرح ایک دوسرے سے گُتھ جائیں گے کہ ایک دوسرے سے تمیز کرنا دشوار ہو جائے گا۔ گویا "جدال سعدی با مدعی در بیان توانگری و درویشی" کا نظر آنکھوں میں پھر جائے گا :

او در من و من در و فتادہ!

ہوا میں جب کُشتی لڑتے ہوئے ایک دوسرے سے گتھم گتھا ہوتے ہیں، تو انہیں اس کا بھی ہوش نہیں رہتا کہ کہاں گر رہے ہیں۔ کئی مرتبہ میرے سر پر گر پڑے۔ ایک مرتبہ ایسا ہوا کہ تھی میری گود میں آ کر پڑ گئے، میں ایک کو ایک ہاتھ سے، دوسرے کو دوسرے سے پکڑ لیا:

میرے دونوں ہاتھ نکلے کام کے

سارا جسم مُٹھی میں بند تھا۔ صرف گردنیں نکلی ہوئی تھیں۔ دل اس زور سے دھڑ دھڑ کر رہا تھا کہ معلوم ہوتا تھا۔ اب پھٹا، اب پھٹا۔ لیکن اس پر بھی ایک دوسرے کو چونچ مارنے سے باز نہیں رہ سکتے تھے۔ جب میں نے مٹھیاں کھول دیں، تو پھر سے اُڑ کر پنکھے کے دستے پر جا بیٹھے، اور دیر تک چوں چوں کرتے رہے۔ غالباً ایک دوسرے سے کہہ رہتے تھے کہ:

رسیدہ بود بلائے، ولے بخیر گزشت

موتی کے گھونسلے سے ایک بچے کی آواز عرصہ سے آ رہی تھی۔ وہ جب دانوں پر چونچ مارتی، تو ایک دو دانوں سے زیادہ نہ لیتی اور فوراً گھونسلے کا رخ کرتی۔ وہاں اس کے پہنچتے ہی بچے کا شور شروع ہو جاتا۔ ایک دو سیکنڈ کے بعد پھر آتی اور دانہ لے کر اُڑ جاتی۔ ایک مرتبہ میں نے گنا تو ایک منٹ کے اندر سات مرتبہ آئی گئی۔

جن علمائے علم الحیوان نے اس جنس کے پرندوں کے خصائص کا مطالعہ کیا ہے، ان کا بیان ہے کہ ایک چڑیا دن بھر کے اندر ڈھائی سو سے تین سو مرتبہ تک بچے کو غذا دیتی ہے، اور اگر دن بھر کی مجموعی مقدارِ غذا بچے کے جسم کے مقابلہ میں رکھی جائے تو اس کا حجم (Mass) کسی طرح بھی بچے کے جسمانی حجم سے کم نہ ہوگا۔ مگر بچوں کی قوتِ ہاضمہ اس تیزی سے کام کرتی رہتی ہے کہ اِدھر دانہ ان کے اندر گیا اُدھر تحلیل ہونا شروع ہوگیا۔ یہی وجہ ہے کہ پرندوں کے بچوں کے نشو و نما کا اوسط چار پایوں کے بچوں کے اوسط سے زیادہ ہوتا ہے، اور بہت تھوڑی مدت کے اندر وہ بلوغ تک پہنچ جاتے ہیں۔ موتی کی رفتارِ عمل سے مجھے اس بیان کی پوری تصدیق مل گئی۔

پھر جوں جوں بچوں کے پَر بڑھنے لگتے ہیں، وجدان کا فرشتہ آتا ہے اور ماں کے کان میں سرگوشیاں شروع کر دیتا ہے کہ اب انہیں اُڑنے کا سبق سکھانا چاہیے۔ معلوم ہوتا ہے، موتی کے کانوں میں یہ سرگوشی شروع ہوگئی تھی۔ ایک دن صبح کیا دیکھتا ہوں، گھونسلے سے اُڑتی ہوئی اتری تو اس کے ساتھ ایک چھوٹا سا بچہ بھی ادھوری پرواز کے پر و بال کے ساتھ نیچے گر گیا۔ موتی بار بار اس کے پاس جاتی اور اڑنے کا اشارہ کر کے اُوپر کی طرف اڑنے لگتی لیکن بچے میں اثر پذیری کی کوئی علامت دکھائی نہیں دیتی تھی، وہ پَر پھیلائے آنکھیں بند کیے، بے حس و حرکت پڑا تھا۔ میں نے اسے اٹھا کے دیکھا

تو معلوم ہوا ابھی پَر پوری طرح بڑھے نہیں ہیں۔ گرنے کی چوٹ کا اثر بھی تازہ ہے، اس نے بے حال کر دیا ہے۔ بے اختیار نظیری کا شعر یاد آگیا:

بہ وصلش تا رسم، صد بار بر خاک افگند شوقم

کہ نو پرواز م و شاخِ بلندے آشیاں دارم

بہر حال اسے اٹھا کے دری پر رکھ دیا۔ موتی چاول کے ٹکڑے چن چن کر منہ میں لیتی اور اسے کھلا دیتی۔ وہ منہ کھولتے ہوئے چوں چوں کی ایک مدھر اور اکھڑی سی آواز نکال دیتا اور پھر دم بخود، آنکھیں بند کیے پڑا رہتا۔ پورا دن اسی حالت میں نکل گیا۔ دوسرے دن بھی اس کی حالت ویسی ہی رہی۔ ماں صبح سے لے کر شام تک برابر اُڑنے کی تلقین کرتی رہی، مگر اس پر کچھ ایسی مُردنی سی چھا گئی تھی کہ کوئی جواب نہیں ملتا۔ میرا خیال تھا کہ یہ اب بچے گا نہیں لیکن تیسرے دن صبح کو ایک عجیب معاملہ پیش آیا۔ دھوپ کی ایک لکیر کمرہ کے اندر دور تک چلی گئی تھی، یہ اس میں جا کر کھڑا ہو گیا تھا، پر گرے ہوئے، پاؤں مڑے ہوئے، آنکھیں حسب معمول بند تھیں۔ اچانک کیا دیکھتا ہوں کہ یکایک آنکھیں کھول کر ایک جھرجھری سی لے رہا ہے۔ پھر گردن آگے کر کے فضا کی طرف دیکھنے لگا۔ پھر گرے ہوئے پروں کو سکیڑ کر ایک دو مرتبہ کھولا، بند کیا، اور پھر جو ایک مرتبہ جست لگا کر اڑا، تو بیک دفعہ تیر کی طرح میدان میں جا پہنچا اور

پھر ہوائی کی طرح فضا میں اُڑ کر نظروں سے غائب ہو گیا۔ یہ منظر اس درجہ عجیب اور غیر متوقع تھا کہ پہلے تو مجھے اپنی نگاہوں پر شبہ ہونے لگا، کہیں کسی دوسری چڑیا کو اڑتے دیکھ کر دھوکے میں نہ پڑ گیا ہوں، لیکن ایک واقعہ جو ظہور میں آ چکا تھا، اب اس میں شبہ کی گنجائش کہاں باقی رہی تھی؟ کہاں تو بے حالی اور درماندگی کی یہ حالت کہ دو دن تک ماں سر کھپاتی رہی، مگر زمین سے بالشت بھر بھی اُونچا نہ ہو سکا اور کہاں آسمان پیمائیوں کا یہ انقلاب انگیز جوش کہ پہلی ہی اُڑان میں عالم حدود و قیود کے سارے بندھن توڑ ڈالے اور فضا لاانتہاہی کی ناپیدا کنار وسعتوں میں گُم ہو گیا! کیا کہوں، اس منظر نے کیسی خود رفتگی کی حالت طاری کر دی تھی۔ بے اختیار یہ شعر زبان پر آ گیا تھا اور اس جوش و خروش کے ساتھ آیا تھا کہ ہمسائے چونک اُٹھے تھے:

نیروئے عشق بیں کہ دریں دشتِ بیکراں

گامے نرفتہ ایم و بپایاں رسیدہ ایم

دراصل یہ کُچھ نہ تھا، زندگی کی کرشمہ سازیوں کا ایک معمولی سا تماشا تھا، جو ہمیشہ ہماری آنکھوں کے سامنے سے گزرتا رہتا ہے، مگر ہم اسے سمجھنا نہیں چاہتے۔ اس چڑیا کے بچے میں اڑنے کی استعداد ابھر چکی تھی۔ وہ اپنے کنج نشیمن سے نکل کر فضائے آسمانی کے سامنے آ کھڑا ہوا تھا، مگر ابھی تک اس کی "خود شناسی" کا احساس بیدار نہیں

ہوا تھا۔ وہ اپنی حقیقت سے بے خبر تھا۔ ماں بار بار اشارے کرتی تھی، ہوا کی لہریں بار بار پروں کو چھوتی ہوئی گزر جاتی تھیں، زندگی اور حرکت کا ہنگامہ ہر طرف سے آ آ بڑھاوے دیتا تھا، لیکن اس کے اندر کا چولہا کچھ اس طرح ٹھنڈا ہو رہا تھا کہ باہر کی کوئی گرمجوشی بھی اسے گرم نہیں کر سکتی تھی:

کلیم شکوہ ز توفیق چند، شرمت باد!

تو چوں برہ نہ نہی پائے، رہنما چہ کند

لیکن جونہی اس کی سوئی ہوئی "خود شناسی" جاگ اٹھی، اور اسے اِس حقیقت کا عرفان حاصل ہو گیا کہ "میں اُڑنے والا پرند ہوں۔" اچانک قالبِ بے جان کی ہر چیز از سرِ نو جاندار بن گئی۔ وہی جسم زار جو بے طاقتی سے کھڑا نہیں ہو سکتا تھا، اب سرو قد کھڑا تھا۔ وہی کانپتے ہوئے گھٹنے جو جسم کا بوجھ بھی سہا نہیں سکتے تھے، اب تن کر سیدھے ہو گئے تھے۔ وہی گرے ہوئے پَر جن میں زندگی کی کوئی تڑپ دکھائی نہیں دیتی تھی، اب سمٹ سمٹ کر اپنے آپ کو تولنے لگے تھے۔ چشم زدن کے اندر جوشِ پرواز کی ایک برق وار تڑپ نے اس کا پورا جسم ہلا کر اچھال دیا۔ اور پھر جو دیکھا، تو درماندگی اور بے حالی کے سارے بندھن ٹوٹ چکے تھے، اور مرغِ ہمت، عقاب وار فضائے لاتناہی کی لاانتہائیوں کی پیمائش کر رہا تھا۔ و لِلہ در مَا قُل:

بال بکشا و صفیر از شجرِ طوبیٰ زن
حیف باشد چو تو مرغے کہ اسیرِ قفسی !

گویا بے طاقتی سے توانائی، غفلت سے بیداری، بے پر و بالی سے بلند پروازی، اور موت سے زندگی کا پورا انقلاب چشم زدن کے اندر ہو گیا۔ غور کیجیے، تو یہی ایک چشم زدن کا وقفہ زندگی کے پورے افسانہ کا خلاصہ ہے :

طے می شود ایں رہ بدر خشیدنِ برقے
ما بے خبراں منتظرِ شمع و چراغیم

اُڑنے کے سر و سامان میں سے کونسی چیز تھی جو اس نو گرفتارِ قفسِ حیات کے حصے میں نہیں آئی تھی ؟ فطرت نے سارا سر و سامان کر کے اسے بھیجا تھا، اور ماں کے اشارے دم بدم گرم پروازی کے لیے ابھار رہے تھے۔ لیکن جب تک اس کے اندر کی "خود شناسی" بیدار نہیں ہوئی، اور اس حقیقت کا عرفان نہیں ہوا کہ وہ طائرِ بلند پرواز ہے، اس کے بال و پَر کا سارا سر و سامان بیکار رہا۔ ٹھیک اسی طرح انسان کے اندر کی "خود شناسی" بھی جب تک سوئی رہتی ہے، باہر کا کوئی ہنگامہ سعی اسے بیدار نہیں کر سکتا۔ لیکن جونہی اس کے اندر کا عرفان جاگ اٹھا، اور اسے معلوم ہو گیا، کہ اس کی چھپی ہوئی حقیقت کیا ہے، تو پھر چشم زدن کے اندر سارا انقلابِ حال انجام پا جاتا ہے، اور ایک

ہی جست میں حضیض خاک سے اڑ کر رفعتِ افلاک تک پہنچ جاتا ہے۔ خواجہ شیراز نے اسی حقیقت کی طرف اشارہ کیا تھا:

چہ گویمت کہ بہ مے خانہ دوش مستِ خراب
سروشِ عالمِ غیبم چہ مژدہا داد است
کہ اے بلند نظر، شاہباز سِدرہ نشیں!
نشیمنِ تو نہ ایں کنج محنت آباد است
تراز کنگرہ عرش می زنند صفیر
ندانمت کہ دریں دامگہ چہ افتاد است

ابوالکلام

خط نمبر ۲۱

قلعہ احمد نگر

۱۱ اپریل ۱۹۴۳ء

آں چہ دل از فکرِ آں می سوخت بیم ہجر بود
آخراز بے مہریِ گردوں بہ آں ہم ساختیم

صدیق مکرم

اس وقت صبح کے چار نہیں بجے ہیں، بلکہ رات کا پچھلا حصہ شروع ہو رہا ہے۔ دس بجے حسب معمول بستر پر لیٹ گیا تھا۔ لیکن آنکھیں نیند سے آشنا نہیں ہوئیں۔ ناچار اُٹھ بیٹھا، کمرہ میں آیا، روشنی کی اور اپنے اشغال میں ڈوب گیا۔ پھر خیال ہوا قلم اٹھاؤں اور کچھ دیر آپ سے باتیں کر کے جی کا بوجھ ہلکا کروں۔ اِن آٹھ مہینوں میں جو یہاں گزر چکے ہیں، یہ چھٹی رات ہے جو اس طرح گزر رہی ہے اور نہیں معلوم ابھی اور کتنی راتیں اسی طرح گزریں گی۔

دماغ بر فلک و دل بہ پائے مہر بتاں
چگونہ حرف زنم، دِل کُجا، دماغ کُجا

میری بیوی کی طبیعت کئی سال سے علیل تھی۔ ۱۹۴۱ء میں جب میں نینی جیل میں مقید تھا، تو اس خیال سے کہ میرے لیے تشویش خاطر کا موجب ہو گا مجھے اطلاع نہیں دی گئی۔ لیکن رہائی کے بعد معلوم ہوا کہ یہ تمام زمانہ کم و بیش علالت کی حالت میں گزرا تھا۔ مجھے قید خانہ میں اس کے خطوط ملتے رہے۔ ان میں ساری باتیں ہوتی تھیں لیکن اپنی بیماری کا کوئی ذکر نہیں ہوتا تھا۔ رہائی کے بعد ڈاکٹروں سے مشورہ کیا گیا تو اس سب کی رائے تبدیلِ آب وہوا کی ہوئی اور وہ رانچی چلی گئی۔ رانچی کے قیام سے بظاہر فائدہ ہوا تھا۔ جولائی میں واپس آئی تو صحت کی رونق چہرہ پر واپس آ رہی تھی۔

اس تمام زمانے میں میں زیادہ تر سفر میں رہا۔ وقت کے حالات اس تیزی سے بدل رہے تھے کہ کسی ایک منزل میں دم لینے کی مہلت ہی نہیں ملتی تھی۔ ایک منزل میں ابھی قدم پہنچا نہیں کہ دوسری منزل سامنے نمودار ہو گئی۔

صد بیاباں بگزشت و دگرے در پیش ست

جولائی کی آخری تاریخ تھی کہ میں تین ہفتہ کے بعد کلکتہ واپس ہوا۔ اور پھر چار دن کے بعد آل انڈیا کانگریس کمیٹی کے اجلاس بمبئی کے لیے روانہ ہو گیا۔ یہ وہ وقت تھا کہ

ابھی طوفان آیا نہیں تھا مگر طوفانی آثار ہر طرف اُمڈنے لگے تھے۔ حکومت کے ارادوں کے بارے میں طرح طرح کی افواہیں مشہور ہو رہی تھیں۔ ایک افواہ جو خصوصیت کے ساتھ مشہور ہوئی یہ تھی کہ آل انڈیا کانگریس کمیٹی کے اجلاس کے بعد ورکنگ کمیٹی کے تمام ممبروں کو گرفتار کرلیا جائے گا اور ہندوستان سے باہر کسی غیر معلوم مقام میں بھیج دیا جائے گا۔ (گرفتاری کے بعد جو بیانات اخباروں میں آئے، ان سے معلوم ہوتا تھا کہ یہ افواہیں بے اصل نہ تھیں۔ سکریٹری آف اسٹیٹ اور وائسرائے کی یہی رائے تھی کہ ہمیں گرفتار کر کے مشرقی افریقہ بھیج دیا جائے اور اس غرض سے بعض انتظامات کر بھی لیے گئے تھے لیکن پھر رائے بدل گئی، اور بالآخر طے پایا کہ قلعہ احمد نگر میں فوجی نگرانی کے ماتحت رکھا جائے اور ایسی سختیاں عمل میں لائی جائیں کہ ہندوستان سے باہر بھیجنے کا جو مقصد تھا، وہ یہیں حاصل ہو جائے۔)

یہ بات بھی کہی جاتی تھی کہ لڑائی کی غیر معمولی حالت نے حکومت کو غیر معمولی اختیارات دے دیئے ہیں اور وہ اِن سے ہر طرح کا کام لے سکتی ہے۔ اس طرح کے حالات پر مجھ سے زیادہ زلیخا کی نظر رہا کرتی تھی اور اس نے وقت کی صورت حال کا پوری طرح اندازہ کر لیا تھا۔ ان چار دنوں کے اندر جو میں نے دو سفروں کے درمیان بسر کیے میں اس قدر کاموں میں مشغول رہا کہ ہمیں آپس میں بات چیت کرنے

کا موقعہ بہت کم ملا۔ وہ میری طبیعت کی اُفتاد سے واقف تھی۔ وہ جانتی تھی کہ اس طرح کے حالات میں میری خاموشی بڑھ جاتی ہے اور میں پسند نہیں کرتا کہ اس خاموشی میں خلل نہ پڑے۔ اس لیے وہ بھی خاموش تھی، لیکن ہم دونوں کی یہ خاموشی بھی گویائی سے خالی نہ تھی۔ ہم دونوں خاموش رہ کر بھی ایک دوسرے کی باتیں سن رہے تھے اور ان کا مطلب اچھی طرح سمجھ رہے تھے۔ ۳ اگست کو جب میں بمبئی کے لیے روانہ ہونے لگا تو وہ حسب معمول دروازہ تک خدا حافظ کہنے کے لیے ائی۔ میں نے کہا، اگر کوئی نیا واقعہ پیش نہیں آگیا تو ۱۳ اگست تک واپسی کا قصد ہے۔ اس نے خدا حافظ کے سوا کچھ نہیں کہا۔ لیکن اگر وہ کہنا بھی چاہتی تو اس سے زیادہ کچھ نہیں کہہ سکتی تھی جو اس کے چہرہ کا خاموش اضطراب کہہ رہا تھا۔ اس کی آنکھیں خشک تھیں مگر چہرہ اشکبار تھا۔

خود را بحیلہ پیشِ تو خاموش کردہ ایم!

گزشتہ پچیس برس کے اندر کتنے ہی سفر پیش آئے اور کتنی ہی مرتبہ گرفتاریاں ہوئیں لیکن میں نے اس درجہ افسردہ خاطر اسے کبھی نہیں دیکھا تھا۔ کیا یہ جذبات کی وقتی کمزوری تھی جو اس کی طبیعت پر غالب آگئی تھی؟ میں نے اُس وقت ایسا ہی خیال کیا تھا، لیکن اب سوچتا ہوں تو خیال ہوتا ہے کہ شاید اسے صورتِ حال کا ایک مجہول احساس ہونے لگا تھا۔ شاید وہ محسوس کر رہی تھی کہ اس زندگی میں یہ ہمارے آخری

ملاقات ہے۔ وہ خدا حافظ اس لیے نہیں کہہ رہی تھی کہ میں سفر کر رہا تھا وہ اس لیے کہہ رہی تھی کہ خود سفر کرنے والی تھی۔

وہ میری طبیعت کی افتاد سے اچھی طرح واقف تھی۔ وہ جانتی تھی کہ اس طرح کے موقعوں پر اگر اس کی طرف سے ذرا بھی اضطراب طبع کا اظہار ہو گا تو مجھے سخت ناگوار گزرے گا اور عرصہ تک اس کی تلخی ہمارے تعلقات میں باقی رہے گی۔ ۱۶ء میں جب پہلی مرتبہ گرفتاری پیش آئی تھی تو وہ اپنا اضطراب خاطر نہیں روک سکی تھی اور میں عرصہ تک اس سے ناخوش رہا تھا۔ اس واقعہ نے ہمیشہ کے لیے اس کی زندگی کا ڈھنگ پلٹ دیا اور اس نے پوری کوشش کی کہ میری زندگی کے حالات کا ساتھ دے۔ اس نے صرف ساتھ ہی نہیں دیا بلکہ پوری ہمت اور استقامت کے ساتھ ہر طرح کے ناخوشگوار حالات برداشت کیے۔ وہ دماغی حیثیت سے میرے افکار و عقائد میں شریک تھی اور عملی زندگی میں رفیق و مددگار۔ پھر کیا بات تھی کہ اس موقعہ پر وہ اپنی طبیعت کے اضطراب پر غالب نہ آ سکی؟ غالباً یہی بات تھی کہ اس کے اندرونی احساسات پر مستقبل کی پرچھائیں پڑنا شروع ہو گئی تھی۔

گرفتاری کے بعد کچھ عرصہ تک ہمیں عزیزوں سے خط و کتابت کا موقع نہیں دیا گیا تھا۔ پھر جب یہ روک ہٹا لی تو ۷ ستمبر کو مجھے اس کا پہلا خط ملا اور اس کے بعد برابر خطوط ملتے

رہے۔ چونکہ مجھے معلوم تھا کہ وہ اپنی بیماری کا حال لکھ کر مجھے پریشان خاطر کرنا پسند نہیں کرتے گی۔ اس لیے گھر کے بعض دوسرے عزیزوں سے حالت دریافت کرتا رہتا تھا۔ خطوط یہاں عموماً تاریخ کتابت سے دس بارہ دن بعد ملتے ہیں۔ اس لیے کوئی بات جلد معلوم نہیں ہو سکتی۔ ۱۵ فروری کو مجھے ایک خط ۲ فروری کا بھیجا ہوا ملا۔ جس میں لکھا تھا کہ اس کی طبیعت اچھی نہیں ہے۔ میں تار کے ذریعہ مزید صورت حال دریافت کی تو ایک ہفتہ کے بعد جواب ملا کہ کوئی تشویش کی بات نہیں۔

۲۳ مارچ کو مجھے پہلی اطلاع اس کی خطرناک علالت کی ملی۔ گورنمنٹ بمبئی نے ایک ٹیلی گرام کے ذریعہ سپرنٹنڈنٹ کو اطلاع دی کہ اس مضمون کا ایک ٹیلی گرام اسے کلکتہ سے ملا ہے۔ نہیں معلوم جو ٹیلیگرام گورنمنٹ بمبئی کو ملا وہ کس تاریخ کا تھا اور کتنے دنوں کے بعد یہ فیصلہ کیا گیا کہ مجھے یہ خبر پہنچا دینی چاہیے۔

چونکہ حکومت نے ہماری قید کا محل اپنی دانست میں پوشیدہ رکھا ہے، اس لیے ابتدا سے یہ طرز عمل اختیار کیا گیا ہے کہ نہ تو یہاں سے کوئی ٹیلی گرام باہر بھیجا جا سکتا ہے۔ نہ باہر سے کوئی آ سکتا ہے۔ کیونکہ اگر آئے گا تو ٹیلی گراف آفس ہی کے ذریعہ آئے گا اور اس صورت میں آفس کے لوگوں پر راز کھل جائے گا۔ اس پابندی کا نتیجہ یہ ہے کہ کوئی بات کتنی ہی جلدی کی ہو، لیکن تار کے ذریعہ نہیں بھیجی جا سکتی۔ اگر تار بھیجنا ہو تو

اسے لکھ کر سپر نٹنڈنٹ کو دے دینا چاہیے۔ وہ اسے خط کے ذریعہ بمبئی بھیجے گا۔ وہاں سے احتساب کے بعد اسے آگے روانہ کیا جاسکتا ہے۔ خط و کتابت کی نگرانی کے لحاظ سے یہاں قیدیوں کی دو قسمیں کردی گئی ہیں۔ بعض کے لیے صرف بمبئی کی نگرانی کافی سمجھی گئی ہے۔ بعض کے لیے ضروری ہے کہ ان کی تمام ڈاک دہلی جائے اور جب تک وہاں سے منظوری نہ مل جائے، آگے نہ بڑھائی جائے۔ چونکہ میری ڈاک دوسری قسم میں داخل ہے، اس لیے مجھے کوئی تار ایک ہفتہ سے پہلے نہیں مل سکتا اور نہ میرا کوئی تار ایک ہفتہ سے پہلے کلکتہ پہنچ سکتا ہے۔

یہ تار جو ۲۳ مارچ کو یہاں پہنچا، فوجی خط رمز (Code) میں لکھا گیا تھا، سپر نٹنڈنٹ اسے حل نہیں کرسکتا تھا۔ وہ فوجی ہیڈ کوارٹر میں لے گیا۔ وہاں اتفاقاً کوئی آدمی موجود نہ تھا۔ اس لیے پورا دن اس کے حل کرنے کی کوشش میں نکل گیا۔ رات کو مجھے اس کی حل شدہ کاپی مل سکی۔

دوسرے دن اخبارات آئے تو ان میں بھی یہ معاملہ آچکا تھا۔ معلوم ہوا ڈاکٹروں نے صورت حال کی حکومت کو اطلاع دے دی ہے۔ اور جواب کے منتظر ہے۔ پھر بیماری کے متعلق معالجوں کی روزانہ کی اطلاعات نکلنے لگیں۔ سپر نٹنڈنٹ روز ریڈیو میں سُنتا تھا اور یہاں بعض رفقاء سے اس کا ذکر کردیتا تھا۔

جس دن تار ملا اس کے دوسرے دن سپرنٹنڈنٹ میرے پاس آیا اور یہ کہا کہ اگر میں اس بارے میں حکومت سے کچھ کہنا چاہتا ہوں تو وہ اسے فوراً بمبئی بھیج دے گا اور یہاں کی پابندیوں اور مقررہ قاعدوں سے اس میں کوئی رکاوٹ نہیں پڑے گی۔ وہ صورت حال سے بہت متاثر تھا اور اپنی ہمدردی کا یقین دلانا چاہتا تھا لیکن میں نے اسے صاف صاف کہہ دیا کہ میں حکومت سے کوئی درخواست کرنی نہیں چاہتا۔ پھر وہ جواہر لال کے پاس گیا اور ان سے اس بارے میں گفتگو کی۔ وہ سہ پہر کو میرے پاس آئے اور بہت دیر تک اس بارے میں گفتگو کرتے رہے۔ میں نے ان سے بھی وہی بات کہہ دی جو سپرنٹنڈنٹ سے کہہ چکا تھا۔ بعد کو معلوم ہوا کہ سپرنٹنڈنٹ نے یہ بات حکومت بمبئی کے ایماء سے کہی تھی۔

جونہی خطرناک صورتِ حال کی پہلی خبر ملی، میں نے اپنے دل کو ٹٹولنا شروع کر دیا۔ انسان کے نفس کا بھی کچھ عجیب حال ہے۔ ساری عمر ہم اس کی دیکھ بھال میں بسر کر دیتے ہیں پھر بھی یہ معمہ حل نہیں ہوتا۔ میری زندگی ابتداء سے ایسے حالات میں گزری کہ طبیعت کو ضبط و انقیاد میں لانے کے متواتر موقعے پیش آتے رہے اور جہاں تک ممکن تھا ان سے کام لینے میں کوتاہی نہیں کی۔

تا دسترسم بود، زدم چاک گریباں

شرمندگی از خرقہ پشمینہ ندارم

تاہم میں نے محسوس کیا کہ طبیعت کا سکون ہل گیا ہے اور اسے قابو میں رکھنے کے لیے جدوجہد کرنی پڑے گی۔ یہ جدوجہد دماغ کو نہیں مگر جسم کو تھکا دیتی ہے۔ وہ اندر ہی اندر گھلنے لگتا ہے۔

اس زمانے میں میرے دل و دماغ کا جو حال رہا، میں اسے چھپانا نہیں چاہتا میری کوشش تھی کہ اس صورت حال کو پورے صبر و سکون کے ساتھ برداشت کر لوں۔ اس میں میرا ظاہر کامیاب ہوا لیکن شاید باطن نہ ہو سکا۔ میں نے محسوس کیا کہ اب دماغ بناوٹ اور نمائش کا وہی پارٹ کھیلنے لگا ہے، جو احساسات اور انفعالات کے ہر گوشہ میں ہم ہمیشہ کھیلا کرتے ہیں اور اپنے ظاہر کو باطن کی طرح نہیں بننے دیتے۔

سب سے پہلی کوشش یہ کرنی پڑی کہ یہاں زندگی کی جو روزانہ معمولات ٹھہرائی جا چکی ہیں، ان میں فرق آنے نہ پائے۔ چائے اور کھانے کے چار وقت ہیں جن میں مجھے اپنے کمرے سے نکلنا اور کمروں کی قطار کے آخری کمرہ میں جانا پڑتا ہے۔ چونکہ زندگی کی معمولات میں وقت کی پابندی کا منٹوں کے حساب سے عادی ہو گیا ہوں، اس لیے یہاں بھی اوقات کی پابندی کی رسم قائم ہو گئی اور تمام ساتھیوں کو اس کا ساتھ دینا پڑا۔ میں نے ان دنوں میں بھی اپنا معمول بدستور رکھا۔ ٹھیک وقت پر کمرہ سے نکلتا رہا اور

کھانے کی میز پر بیٹھتا رہا۔ بھوک یک قلم بند ہو چکی ہے لیکن میں چند لقمے حلق سے اتارتا رہا۔ رات کے کھانے کے بعد کچھ دیر صحن میں چند ساتھیوں کے ساتھ نشست رہا کرتی تھی۔ اس میں بھی کوئی فرق نہیں آیا۔ جتنی دیر تک وہاں بیٹھتا تھا، جس طرح باتیں کرتا اور جس قسم کی باتیں کرتا تھا، وہ سب کچھ بدستور ہوتا رہا۔

اخبارات یہاں بارہ سے ایک بجے کے اندر آیا کرتے ہیں۔ میرے کمرے کے سامنے دوسری طرف سپرنٹنڈنٹ کا دفتر ہے۔ جیلر وہاں سے اخبار لے کر سیدھا میرے کمرے میں آتا ہے۔ جونہی اس کے دفتر سے نکلنے اور چلنے کی آہٹ آنا شروع ہوتی تھی، دل دھڑکنے لگتا تھا کہ نہیں معلوم آج کیسی خبر اخبار میں ملے گی، لیکن پھر فوراً چونک اٹھتا۔ میرے صوفے کی پیٹھ دروازہ کی طرف ہے۔ اس لیے جب تک ایک آدمی اندر آ کے سامنے کھڑا نہ ہو جائے، میرا چہرہ دیکھ نہیں سکتا۔ جب جیلر آتا تھا تو میں حسبِ معمول مسکراتے ہوئے اشارہ کرتا کہ اخبار ٹیبل پر رکھ دے اور پھر لکھنے میں مشغول ہو جاتا۔ گویا اخبار دیکھنے کی کوئی جلدی نہیں۔ میں اعتراف کرتا ہوں کہ یہ تمام ظاہر داریاں دکھاوے کا ایک پارٹ تھیں جسے دماغ کا مغرورانہ احساس کھیلتا رہتا تھا اور اس لیے کھیلتا تھا کہ کہیں اس کے دامن صبر و قرار پر بے حالی اور پریشان خاطری کا کوئی دھبہ نہ لگ جائے۔

بدہ یارب دلے، کیں صورتِ بے جاں نمی خواہم

بالآخر ۹ اپریل کو زہر غم کا یہ پیالہ لبریز ہو گیا۔

فانّ مالحذرین، قد وقع!

دو بجے سپرنٹنڈنٹ نے گورنمنٹ بمبئی کا ایک تار حوالہ کیا۔ جس میں حادثہ کی خبر دی گئی تھی۔ بعد کو معلوم ہوا کہ سپرنٹنڈنٹ کو یہ خبر ریڈیو کے ذریعہ صبح ہی معلوم ہو گئی تھی اور اس نے یہاں بعض رفقاء سے اس کا ذکر بھی کر دیا تھا لیکن مجھے اطلاع نہیں دی گئی۔ اس تمام عرصہ میں یہاں کے رفقاء کا جو طرز عمل رہا اس کے لیے میں ان کا شکر گزرا ہوں۔ ابتداء میں جب علالت کی خبریں آنا شروع ہوئیں تو قدرتی طور پر انہیں پریشانی ہوئی۔ وہ چاہتے تھے کہ اس کے بارے میں جو کچھ کر سکتے ہیں، کریں، لیکن جونہی معلوم ہو گیا کہ میں نے اپنے طرز عمل کا ایک فیصلہ کر لیا ہے اور میں حکومت سے کوئی درخواست کرنا پسند نہیں کرتا، تو پھر سب نے خاموشی اختیار کر لی اور اس طرح میرے طریق کار میں کسی طرح کی مداخلت نہیں ہوئی۔

اس طرح ہماری چھتیس برس کی ازدواجی زندگی ختم ہو گئی اور موت کی دیوار ہم دونوں میں حائل ہو گئی۔ ہم اب بھی ایک دوسرے کو دیکھ سکتے ہیں، مگر اسی دیوار کی اوٹ سے۔

مجھے اِن چند دِنوں کے اندر برسوں کی راہ چلنی پڑی ہے۔ میرے عزم نے میرا ساتھ نہیں چھوڑا، مگر میں محسوس کرتا ہوں کہ میرے پاؤں شل ہو گئے ہیں۔

غافل نیم زراہ، ولے آہ چارہ نیست

زیں راہزناں کہ بردل آگاہ می زنند

یہاں احاطہ کے اندر ایک پورانی قبر ہے۔ نہیں معلوم کس کی ہے جب سے آیا ہوں سینکڑوں مرتبہ اس پر نظر پڑ چکی ہے۔ لیکن اس اسے دیکھتا ہوں تو ایسا محسوس ہونے لگتا ہے جیسے ایک نئے طرح کا اُنس اس سے طبیعت کو پیدا ہو گیا ہے۔ کل شام کو دیر تک اسے دیکھتا رہا۔ اور متمم بن نویرہ کا مرثیہ جو اس نے اپنے بھائی مالک کی موت پر لکھا تھا، بے اختیار یاد آگیا۔

لقد لا منی عِند القُبُورِ علی البُکا

رفیقی لتلذران الدموع السوانک

فقال اتبکی کل قبرِ رایتہ

لِقبرِ ثویٰ بین اللوی فالد کادِک

فقلت لہ ان الشجا یبعث الشجا

فدعنی، فھذا کُلہ قبر مالک

اب قلم روکتا ہوں۔ اگر آپ سنتے ہوتے تو بول اٹھتے۔

سودا خدا کے واسطے کر قصہ مختصر

اپنی تو نیند اڑ گئی تیرے فسانے میں

خط نمبر ۲۲

قلعہ احمد نگر

۱۴ جون ۱۹۴۳ء

صدیق مکرم

حسب حالے نہ نوشتیم و شد ایامے چند
قاصدے کو کہ فرستم بتو پیغامے چند

گزشتہ سال جب ہم یہاں لائے گئے تھے، تو برسات کا موسم تھا۔ وہ دیکھتے دیکھتے گزر گیا اور جاڑے کی راتیں شروع ہو گئیں۔ پھر جاڑے نے بھی رختِ سفر باندھا اور گرمی اپنا ساز و سامان پھیلانے لگی۔ اب پھر موسم کی گردش اسی نقطہ پر پہنچ رہی ہے جہاں سے چلی تھی۔ گرمی رخصت ہو رہی ہے اور بادلوں کے قافلے ہر طرف سے امنڈنے لگے ہیں۔ دنیا میں اتنی تبدیلیاں ہو چکی، مگر اپنے دل کو دیکھتا ہوں تو ایک دوسرا ہی عالم دکھائی دیتا ہے، جیسے اس نگری میں کبھی موسم بدلتا ہی نہیں۔ سرمد کی رباعی کتنی پامال ہو چکی ہے پھر بھی بھلائی نہیں جا سکتی۔

سرما بگزشت و ایں دلِ زار ہماں

گرما بگزشت و ایں دلِ زار ہماں

القصّہ تمام سرد و گرمِ عالم

برما بگوشت و ایں دلِ زار ہماں

یہاں احاطہ کے شمالی گوشہ میں ایک نیم کا درخت ہے۔ کُچھ دن ہوئے، ایک وارڈر نے اس کی ایک ٹہنی کاٹ ڈالی تھی اور جڑ کے پاس پھینک دی تھی۔ اب بارش ہوئی تو تمام میدان سرسبز ہونے لگا۔ نیم کی شاخوں نے بھی زرد چیتھڑے اُتار کر بہار و شادابی کا نیا جوڑا پہن لیا۔ جس ٹہنی کو دیکھو، ہرے ہرے پتوں اور سفید پھولوں سے لد رہی ہے۔ لیکن اس کٹی ہوئی ٹہنی کو دیکھیے تو گویا اس کے لیے کوئی انقلابِ حال ہوا ہی نہیں۔ ویسی ہی سُوکھی کی سُوکھی پڑی ہے اور زبانِ حال سے کہہ رہی ہے۔

ہمچو ماہی غیر داغم پوششِ دیگر نبود

تا کفن آمد، ہمیں یک جامہ بر تن داشتم

یہ بھی اسی درخت کی ایک شاخ ہے، جسے برسات نے آتے ہی زندگی اور شادابی کا نیا جوڑا پہنا دیا۔ یہ بھی آج دوسرے ٹہنیوں کی طرح بہار کا استقبال کرتی، مگر اب اسے

دنیا اور دنیا کے موسمی انقلابوں سے کوئی سروکار نہ رہا۔ بہار و خزاں، گرمی و سردی، خشکی و طراوت سب اس کے لیے یکساں ہوئے۔

کل دوپہر کو اس طرف سے گزر رہا تھا کہ یکایک اس شاخِ بریدہ سے پاؤں ٹکرا گیا۔ میں رک گیا اور اسے دیکھنے لگا۔ بے اختیار شاعر کی حسنِ تعلیل یاد آ گئی۔

قطعِ امید کردہ نہ خواہد نعیم دہر
شاخِ بریدہ را نظرے بر بہار نیست

میں سوچنے لگا کہ انسان کے دل کی سرزمین کا بھی یہی حال ہے۔ اس باغ میں بھی امید و طلب کے بے شمار درخت اگتے ہیں اور بہار کی آمد آمد کی راہ تکتے رہتے ہیں۔ لیکن جن ٹہنیوں کی جڑ کٹ گئی ان کے لیے بہار و خزاں کی تبدیلیاں کوئی اثر نہیں رکھتیں۔ کوئی موسم بھی انہیں شادابی کا پیام نہیں پہنچا سکتا۔

خزاں کیا، فصلِ گُل کہتے ہیں کس کو، کوئی موسم ہو
وہی ہم ہیں، قفس ہے اور ماتم بال و پر کا ہے

موسمی پھولوں کے جو درخت یہاں اکتوبر میں لگائے تھے انہوں نے اپریل کے آخر تک دن نکالے، مگر پھر انہیں جگہ خالی کرنی پڑی۔ مئی میں یہ خیال ہوا کہ بارش کے موسم کی تیاریاں شروع کر دینی چاہئیں۔ چنانچہ نئے سرے سے تختوں کی درستگی

ہوئی۔ نئے بیج منگوائے گئے اور اب نئے پودے لگ رہے ہیں۔ چند دنوں میں نئے پھولوں سے نیا چمن آراستہ ہو جائے گا۔ یہ سب کچھ ہو رہا ہے مگر میرے سامنے رہ رہ کر ایک دوسری ہی بات آ رہی ہے۔ سوچتا ہوں کہ دنیا کا باغ اپنی گل شگفتگیوں میں کتنا تنگ واقع ہوا ہے۔ جب تک ایک موسم کے پھول مرجھا نہیں جاتے، دوسرے موسم کے پھُول کھلتے نہیں۔ گویا قدرت کو جتنا خزانہ لٹانا تھا، لُٹا چکی، اب اسی میں ادل بدل ہوتا رہتا ہے۔ ایک جگہ کا سامان اٹھایا، دوسری جگہ سجا دیا، مگر نئی پونجی یہاں مل سکتی نہیں۔ یہی وجہ ہے کہ قدسی کو پھولوں کا کھلنا پسند نہیں آیا تھا۔ اسے اندیشہ ہوا تھا کہ اگر باغ پھول کھلے گا تو اس دل کی کلی بند کی بند رہ جائے گی۔

عیشِ این باغ بہ اندازہ یک تنگدل ست
کاش گل غنچہ شود تا دلِ ما بکشاید

غور کیجیے تو یہاں کی ہر بناوٹ کسی نہ کسی بگاڑ ہی کا نتیجہ ہوتی ہے۔ یا یوں کہیے کہ یہاں کا ہر بگاڑ دراصل ایک نئی بناوٹ ہے۔

بگڑنے میں بھی زلف اس کی بنا کی میدانوں میں گڑھے پڑ جاتے ہیں مگر اینٹوں کا پژاوہ بھر جاتا ہے۔ درختوں پر آریاں چلنے لگتی ہیں مگر جہاز بن کر تیار ہو جاتے ہیں۔ سونے کی کانیں خالی ہو گئیں لیکن مُلک کا خزانہ دیکھیے تو اشرفیوں سے بھرپور ہو رہا ہے۔ مزدور

نے اپنا پسینہ سر سے پاؤں تک بہا دیا مگر سرمایہ دار کی راحت و عیش کا سر و سامان درست ہوگیا۔ ہم مالن کی جھولی بھری دیکھ کر خوش ہونے لگتے ہیں مگر ہمیں یہ خیال نہیں آتا کسی کے باغ کی کیاری اُجڑی ہوگی جبھی تو یہ جھولی معمور ہوئی۔ یہی وجہ ہے کہ جب عرفی نے اپنے دامن میں پھُول دیکھے تھے تو بے اختیار چیخ اٹھا تھا :

زمانہ گلشنِ عیش کرا بہ یغما داد؟

کہ گُل بہ دامنِ ما دستہ دستہ می آید

اکتوبر سے اپریل تک موسمی پھولوں کی کیاریاں ہماری دلچسپیوں کا مرکز رہیں۔ صبح و شام کئی کئی گھنٹے ان کی رکھوالی میں سرف کر دیتے تھے، مگر موسم کا پلٹنا تھا کہ ان کی حالت نے بھی پلٹا کھایا اور پھر وہ وقت آگیا کہ ان کی رکھوالی کرنا ایک طرف، کوئی اس کا بھی روادار نہ رہا کہ ان اجل رسیدوں کو چند دن اور ان کی حالت پر چھوڑ دیا جائے۔ ایک ایک کر کے تمام کیاریاں اکھاڑ ڈالی گئیں۔ وہی ہاتھ جو کبھی اونچے ہو ہو کر ان کے سر و سینہ پر پانی بہاتے تھے، اب بے رحمی کے ساتھ ایک ایک ٹہنی توڑ مروڑ کر پھینک رہے تھے۔ جن درختوں کے پھولوں کا ایک ایک ورق حسن کا مرقع اور رعنائی کا پیکر تھا، اب جھلسی ہوئی جھاڑیوں اور روندی ہوئی گھانس کی طرح میدان کے ایک کونے میں ڈھیر ہو رہا تھا اور صرف اسی مصرف کا رہ گیا تھا کہ جس بے سر و سامان کو

جلانے کے لیے لکڑیاں میسر نہ آئیں، وہ انہی کو چولہے میں جھونک کر اپنی ہانڈی گرم کرلے۔

گلگونہ عارض ہے، نہ ہے رنگِ حنا تو
اے خوں شدہ دل، تُو تو کسی کام نہ آیا

زندگی اور وجود کے جس گوشہ کے دیکھیے، قدرت کی کرشمہ سازیوں کے ایسے ہی تماشے نظر آئیں گے۔

دریں چمن کہ بہار و خزاں ہم آغوش ست
زمانہ جام بدست و جنازہ بر دوش ست

انسانی زندگی کا بھی بعینہ یہی حال ہوا۔ سعی و عمل کا جو درخت پھل پھول لاتا ہے اس کی رکھوالی کی جاتی ہے۔ جو بیکار ہو جاتا ہے اسے چھانٹ دیا جاتا ہے۔

"فاما الزبد فیلھب جفآءً و اما ما ینفعُ الناس فیمکث فی الارض

(یہ قرآن کی ایک آیت کا ٹکڑا ہے، جس میں کارخانہ ہستی کی اس اصل کی طرف اشارہ کیا گیا ہے کہ جو چیز نافع ہوتی ہے، وہ باقی رکھی جاتی ہے، جو بے کار ہو گئی، وہ چھانٹ دی جاتی ہے۔)

خط نمبر ۲۳

قلعہ احمد نگر

۱۵ جون ۱۹۴۳ء

صدیق مکرم

عرب کے فلسفی ابو العلاء معزی نے زمانہ کا پورا پھیلاؤ تین دنوں کے اندر سمیٹ دیا تھا : کل جو گزر چکا، آج جو گزر رہا ہے، کل جو آنے والا ہے :

ثلاثۃ ایام، ہی الدھر کلہ

و ما ھن، الامس و الیوم و الغد

و ما القمر الا واحد غیر انہ

یغیب و یاتی بالضیاء المجدد

لیکن تین زمانوں کی تقسیم میں نقص یہ تھا کہ جسے ہم "حال" کہتے ہیں، وہ فی الحقیقت ہے کہاں؟ یہاں وقت کی جو احساس بھی ہمیں میسر ہے وہ یا تو "ماضی" کی نوعیت رکھتا

ہے یا مستقبل کی، اور انہی دونوں زمانوں کا ایک اضافی تسلسل ہے، جسے ہم "حال" کے نام سے پکارنے لگتے ہیں۔ یہ سچ ہے کہ "ماضی" اور "مستقبل" کے علاوہ وقت کی ایک تیسری نوعیت بھی ہمارے سامنے آتی رہتی ہے لیکن وہ اس تیزی کے ساتھ آتی اور نکل جاتی ہے کہ ہم اسے پکڑ نہیں سکتے۔ ہم اس کا پیچھا کرتے ہیں، لیکن ادھر ہم نے پیچھا کرنے کا خیال کیا، اور ادھر اس نے اپنی نوعیت بدل ڈالی۔ اب یا تو ہمارے سامنے "ماضی" ہے جو جا چکا ہے، یا "مستقبل" ہے جو ابھی آیا ہی نہیں۔ لیکن خود "حال" کا کوئی نام و نشان دکھائی نہیں دیتا۔ جس وقت کا ہم نے پیچھا کرنا چاہا تھا وہ "حال" تھا اور جو ہمارے پکڑ میں آیا ہے وہ "ماضی" ہے۔

نکل چکا ہے وہ کوسوں دیارِ حرماں سے

شاید یہی وجہ ہے کہ ابو طالب کلیم کو انسانی زندگی کی پوری مدت دو دن سے زیادہ نظر نہیں آئی:

بدنامی حیات دو روزے نبود بیش
واں ہم کلیم با تو چگوئیم، چساں گزشت
یک روز صرفِ بستنِ دل شد باین و آں
روزے دگر بکندنِ دل زین و آں گزشت

ایک عرب شاعر نے یہی مطلب زیادہ ایجاز و بلاغت کے ساتھ ادا کیا ہے :

و معنی یساعدنا الوصال و دھرنا

یومان، یوم لویٰ و یوم صدود

اور اگر حقیقت حال کو اور زیادہ نزدیک ہو کر دیکھیے تو واقعہ یہ ہے کہ انسانی زندگی کی پوری مدت ایک صبح شام سے زیادہ نہیں۔ صبح آنکھیں کھُلیں، دوپہر امید و ہیم میں گزری، رات آئی تو پھر آنکھیں بند تھیں۔لَم یلبثُوا اِلا عَشیۃ او ضُحاھا۔

شورے شد و از خوابِ عدم چشم کشودیم

دیدیم کہ باقی ست شب فتنہ، غنودیم

لیکن پھر غور کیجیے اسی ایک صبح شام کے بسر کرنے کے لیے کیا کیا جتن نہیں کرنے پڑتے، کتنے صحراؤں کو طے کرنا پڑتا ہے، کتنے سمندروں کو لانگنا پڑتا ہے، کتنی چوٹیوں پر سے کودنا پڑتا ہے؟ پھر آتش و پنبہ کا افسانہ ہے، برق و خرمن کی کہانی ہے :

دریں چمن کہ ہوا داغِ شبنم آرائی ست

تسلے بہزار اضطراب می بافند

خط نمبر ۲۴

قلعہ احمد نگر

۱۶ ستمبر ۱۹۴۳ء

صدیق مکرم

بچے ربڑ کے رنگین غباروں سے بہت خوش ہوتے ہیں، مُجھے بھی بچپنے میں ان کا بڑا شوق تھا۔ والد مرحوم کے مرِیدوں میں ایک شخص غلام رحمٰن تھا، جو انگریزی ٹوپیوں کے بنانے کا کاروبار کرتا تھا۔ وہ مجھے یہ غبارے لاکر دیا کرتا اور میں اس سے بہت ہل گیا تھا۔ یہ غبارے ویسے ہی ہوتے ہیں، جیسے منہ سے پھونکنے کے ہوتے ہیں لیکن ان میں گیس بھر دی جاتی ہے اور وہ انہیں اوپر کی طرف اڑائے رکھتی ہے۔ ایک مرتبہ مجھے خیال ہوا اسے چھید کر کے دیکھنا چاہیے اندر سے کیا نکلتا ہے؟ سہسرام کی

ایک مغلانی امانی نام ہمارے گھر میں سلائی کا کام کیا کرتی تھی۔ میں نے امانی کے سلائی کے بکس میں سے ایک سوئی نکالی اور غبارے میں چبھودی۔ اس واقعہ پر سینتالیس ۴۷ برس گزر چکے لیکن اس وقت بھی خیال کرتا ہوں تو اس سنسنی کا اثر صاف صاف دماغ میں محسوس ہونے لگتا ہے جو اس وقت اچانک گیس کے نکلنے اور ایک لمبی "سی" کی سی آواز پیدا ہونے سے مجھ پر طاری ہوگئی تھی۔ گیس باہر نکلنے کے لیے کچھ ایسی بے تاب تھی کہ سوئی کا ذرا سا چھید پاتے ہی فوراً فوارہ کی طرح مضطربانہ اچھلی اور دو تین سیکنڈ بھی ابھی نہیں گزرے تھے کہ غبارہ خالی ہو کے سکڑ گیا اور زمین پر گر گیا۔

یقین کیجیے، آج کل بعینہ ایسا ہی حال اپنے سینہ کا بھی محسوس کر رہا ہوں۔ غبارے کی طرح اس میں بھی کوئی پُرجوش عنصر ہے جو بھر گیا ہے اور نکلنے کے لیے بیتاب ہے۔ اگر کوئی ہاتھ ایک سوئی اٹھا کر چبھو دے تو مجھے یقین ہے اس میں سے بھی ویسا ہی جوش اُمنڈ کر اچھلے گا جیسا غبارہ سے ایک مضطرب چیخ کے ساتھ اُچھلا تھا:

شد آں کہ اہلِ نظر بر کنارہ می رفتند
ہزار گونہ سخن بر دہان و لب خاموش
ببانگ چنگ بگوئیم آں حکایت ہا!
کہ از نہفتنِ آں دیگِ سینہ می زد جوش

کل رات ایک عجیب طرح کی حالت پیش آئی۔ کچھ دیر کے لیے ایسا محسوس ہونے لگا کہ سوئی چبھ رہی ہے اور شاید دل کی بھاپ پانی بن کر بہنا شروع ہو جائے لیکن یہ محض ایک سانحہ تھا، جو آیا اور گزر گیا اور طبیعت پھر بند کی بند رہ گئی۔ دیگ نے جوش کھایا لیکن پھوٹ کر بہہ نہ سکی۔

ضعف سے گریہ مبدل بہ دمِ سرد ہوا

باور آیا ہمیں پانی کا ہوا ہو جانا!

میرے ساتھ لاسلکی کا ایک سفری (پورٹیبل) سیٹ سفر میں رہا کرتا تھا۔ جب بمبئی میں گرفتار کر کے یہاں لایا گیا تو سامان کے ساتھ وہ بھی آ گیا۔ لیکن جب سامان قلعہ کے اندر لایا گیا تو اس میں سیٹ نہیں تھا۔ معلوم ہوا کہ باہر روک لیا گیا ہے۔ جیلر سے پوچھا تو اُس نے کہا کمانڈنگ آفیسر کے حکم سے روکا گیا ہے اور اب گورنمنٹ سے اس بارے میں دریافت کیا جائے گا۔ بہر حال جب یہاں اخباروں کا آنا روک دیا گیا تھا تو ظاہر ہے کہ لاسلکی کے سیٹ کی اجازت کیونکر دی جا سکتی تھی؟ تین ہفتہ کے بعد اخبار کی روک تو اٹھ گئی مگر سیٹ پھر بھی نہیں دیا گیا۔ وہ چھتیہ خاں کے آفس میں مقفل پڑا رہا۔ اب میں نے چھتیہ خاں کو دے دیا ہے کہ اپنے بنگلہ میں لگا کر کام میں لائے، کیونکہ اب وہ جس بنگلہ میں منتقل ہوا ہے، اس میں لاسلکی سیٹ نہیں ہے۔

لیکن آج کل کوئی فوجی افسر ہمارے احاطہ کے قریب قلعہ میں فروکش ہے، اس کے پاس لاسلکی سیٹ ہے۔ کبھی کبھی اس کی آواز یہاں بھی آ نکلتی ہے۔ کل رات بہت صاف آنے لگی تھی۔ غالباً بی بی سی کا پروگرام تھا اور کوئی وایولین (Violin) بجانے والا کمال دکھا رہا تھا۔ لَے ایسی تھی، جیسی کہ (Mendelssohn) کے مشہور قطعہ "نغمہ بغیر لفظ" (سوانگس ود آوَٹ ورڈز) کی سننے میں آئی تھی:

حدیثِ عشق کہ از حرف و صوت مستغنی ست

بہ نالہ دف و لَے در خروش وولولہ بود!

ناگہاں ایک مغنیہ خوش لہجہ کی صدائے دردانگیز اُٹھی اور اس نے ساز کے زیر و بم کے ساتھ مل کر وہ عالم پیدا کر دیا جس کی طرف خواجہ شیراز نے اشارہ کیا ہے۔

چہ راہ می زند ایں مطرب مقام شناس

کہ درمیانِ غزل قولِ آشنا آورد

پہلے طبیعت پر ایک فوری اثر پڑا، ایسا محسوس ہوا، جیسے پھوڑا پھوٹنے لگا ہے لیکن یہ حالت چند لمحوں سے زیادہ نہیں رہی۔ پھر دیکھا تو بدستور انقباضِ خاطر واپس آ گیا تھا:

یا مگر کاوشِ آن نشترِ مژگاں کم شد

یا کہ خود زخمِ مرا لذتِ آزار نماند

شاید آپ کو معلوم نہیں کہ ایک زمانے میں مجھے فنِ موسیقی کے مطالعہ اور مشق کا بھی شوق رہ چکا ہے۔ اس کا اشتغال کئی سال تک جاری رہا تھا۔ ابتدا اس کی یوں ہوئی کہ ۱۹۰۵ء میں جب تعلم سے فارغ ہو چکا تھا اور طلباء کو پڑھانے میں مشغول تھا تو کتابوں کا شوق مجھے اکثر ایک کتب فروش خدا بخش کے یہاں لے جایا کرتا تھا جس نے ویلزلی اسٹریٹ میں مدرسہ کالج کے سامنے دکان لے رکھی تھی اور زیادہ تر عربی اور فارسی کی قلمی کتابوں کی خرید و فروخت کا کاروبار کیا کرتا تھا۔ ایک دن اس نے فقیر اللہ سیف خاں کی راگ درپن کا ایک نہایت خوش خط اور مصور نسخہ مجھے دکھایا اور کہا کہ یہ کتاب فن موسیقی میں ہے۔ سیف خاں عالمگیری عہد کا ایک امیر تھا اور ہندوستان کی موسیقی کے علم و عمل کا ماہر تھا۔ اس نے سنسکرت کی ایک کتاب کا فارسی میں ترجمہ کیا جو راگ درپن کے نام سے مشہور ہوئی۔ یہ نسخہ جو خدا بخش کے ہاتھ لگا تھا آصف جاہ کے لڑکے ناصر جنگ شہید کے کتب خانہ کا تھا اور نہایت اہتمام کے ساتھ مرتب کیا گیا تھا۔ میں ابھی اس کا دیباچہ دیکھ رہا تھا کہ مسٹر ڈینسن راس آ گئے جو اس زمانے میں مدرسہ عالیہ کے پرنسپل تھے اور ایرانی لہجہ میں فارسی بولنے کے بہت شائق تھے۔ یہ دیکھ کر کہ ایک کمسن لڑکا فارسی کی ایک قلمی کتاب کو غور و خوض سے مطالعہ کر رہا ہے، متعجب ہوئے اور مجھ سے فارسی میں پوچھا "یہ کس مصنف کی کتاب ہے؟" میں نے

فارسی میں جواب دیا کہ سیف خاں کی کتاب ہے اور فن موسیقی میں ہے۔ انہوں نے کتاب میرے ہاتھ سے لے لی اور خود پڑھنے کی کوشش کی۔ پھر کہا کہ ہندوستان کا فن موسیقی بہت مشکل فن ہے۔ کیا تو م اس کتاب کے مطالب سمجھ سکتے ہو؟ میں نے کہا جو کتاب بھی لکھی جاتی ہے، اسی لیے لکھی جاتی ہے کہ لوگ پڑھیں اور سمجھیں۔ میں اسے پڑھوں گا تو سمجھ لوں گا۔ انہوں نے ہنس کر کہا: تم اسے نہیں سمجھ سکتے، اگر سمجھ سکتے ہو تو مجھے اس صفحہ کا مطلب سمجھاؤ۔ انہوں نے جس صفحہ کی طرف اشارہ کیا تھا، اس میں مبادیات کی تقسیموں کا بیان تھا۔ میں نے الفاظ پڑھ لیے مگر مطلب کچھ سمجھ میں نہیں آیا۔ شرمندہ ہو کر خاموش ہو گیا اور بالآخر کہنا پڑا کہ اس وقت اس کا مطلب بیان نہیں کر سکتا بغور مطالعہ کرنے کے بعد بیان کر سکوں گا۔

میں نے کتاب لے لی اور گھر آ کر اسے اول سے آخر تک پڑھ لیا لیکن معلوم ہوا کہ جب تک موسیقی کی مصطلحات پر عبور نہ ہو اور کسی ماہر فن سے اس کی مبادیات سمجھ نہ لی جائیں، کتاب کا مطلب سمجھ میں نہیں آ سکتا۔ طبیعت طالب علمی کے زمانے میں اس بات کی خوگر ہو گئی تھی کہ جو کتاب بھی ہاتھ آئی، اس پر ایک نظر ڈالی اور تمام مطالب پر عبور ہو گیا۔ اب جو یہ رکاوٹ پیش آئی تو طبیعت کو سخت الجھن ہوئی اور خیال ہوا کہ کسی واقف کار سے مدد لینی چاہیے لیکن مدد لی جائے تو کس سے لی جائے؟ خاندانی زندگی کے

حالات ایسے تھے کہ اس کوچہ سے رسم و راہ رکھنے والوں کے ساتھ ملنا آسان نہ تھا۔ آخر خیال مسیتا خان کی طرف گیا۔ اس پیشہ کا یہی ایک آدمی تھا جس کی ہماری یہاں گزر تھی۔

اس مسیتا خاں کا حال بھی قابلِ ذکر ہے۔ یہ سونی پت ضلع انبالہ کا رہنے والا تھا اور پیشہ کا خاندانی گویا تھا۔ گانے کے فن میں اچھی استعداد بہم پہنچائی تھی اور دہلی اور جے پور کے استادوں سے تحصیل کی تھی۔ کلکتہ میں طوائفوں کی معلمی کیا کرتا تھا۔

تقریب کچھ تو بہرِ ملاقات چاہیے

یہ والد مرحوم کی خدمت میں بیعت کے لیے حاضر ہوا۔ ان کا قاعدہ تھا کہ اس طرح کے لوگوں کو مرید نہیں کرتے تھے لیکن اصلاح و توجہ کا دروازہ بند بھی نہیں کرتے۔ فرماتے، بغیر بیعت کے آتے رہو دیکھو خدا کو کیا منظور ہے۔ اکثر حالتوں میں ایسا ہوا کہ کچھ دنوں کے بعد لوگ خود بخود اپنا پیشہ چھوڑ کر تائب ہو گئے۔ چنانچہ مسیتا خاں کو بھی یہی جواب ملا۔ والد مرحوم جمعہ کے دن وعظ کے بعد جامع مسجد سے مکان آتے تو پہلے کچھ دیر دیوان خانہ میں بیٹھتے، پھر اندر جاتے، خاص خاص مرید پالکی کے ساتھ چلتے ہوئے آجاتے اور اپنی اپنی معروضات پیش کر کے رخصت ہو جاتے۔ مسیتا خاں بھی ہر جمعہ وعظ کے بعد حاضر ہوتا اور دور فرش کے کنارے دست بستہ کھڑا رہتا۔ کبھی

والد مرحوم کی نظر پڑ جاتی تو پوچھ لیتے مسیتا خاں کیا حال ہے؟ عرض کرتا حضور کی نظرِ کرم کا امیدوار ہوں۔ فرماتے ہاں اپنے دل کی لگن میں لگے رہو۔ وہ بے اختیار ہو کر قدموں پر گر جاتا اور اپنے آنسوؤں کی جھڑی سے انہیں تر کر دیتا۔ ہا، ذوق نے کیا خوب کہا ہے:

ہوئے ہیں تر گریہ ندامت سے اس قدر آستین و دامن
کہ میری تردامنی کے آگے عرق عرق پاک دامنی ہے

کبھی عرض کرتا: "رات کے دربار میں حاضری کا حکم ہو جائے۔" یعنی رات کی مجلس خاص میں جو مریدوں کی تعلیم و ارشاد کے لیے ہفتہ میں ایک بار منعقد ہوا کرتی تھی۔ اسے والد مرحوم ٹال جاتے مگر ان کے ٹالنے کا بھی ایک خاص طریقہ تھا، فرماتے: "اچھی بات ہے دیکھو ساری باتیں اپنے وقت پر ہو رہیں گی۔" وہ جاں باختہ امید و بیم، اتنے ہی میں نہال ہو جاتا اور رومال سے آنسو پونچھتے ہوئے اپنے گھر کی راہ لیتا۔ خواجہ حافظ ان معاملات کو کیا ڈوب کر کہہ گئے ہیں:

بحاجب درِ خلوت سرائے خاص بگو
"فلاں ز گوشہ نشینانِ خاکِ درگہِ ماست"

لیکن بالآخر اس کا عجز و نیاز اور صدق طلب رنگ لائے بغیر نہ رہا۔ والد مرحوم نے اسے مرید کر لیا تھا اور حلقہ میں بیٹھنے کی اجازت بھی دے دی تھی۔ اسے بھی کچھ ایسی توفیق ملی کہ طوائفوں کی نوچیوں کی معلمی سے تائب ہو گیا اور ایک بنگالی زمیندار کی ملازمت پر قناعت کر لی۔ والد مرحوم کو میں نے ایک مرتبہ یہ کہتے سنا تھا کہ مسیتا خاں کا حال دیکھتا ہوں تو پیر چنگی کی حکایت یاد آ جاتی ہے یعنی مولانا روم والے پیر چنگی کی :

پیر چنگی کے بود مردِ خُدا

حبّذا اے سرِ پنہاں، حبّذا

بہر حال میرا خیال اسی مسیتا خاں کی طرف گیا اور اس سے اس معاملہ کا ذکر کیا۔ پہلے تو اسے کچھ حیرانی سی ہوئی لیکن پھر جب معاملہ پوری طرح سمجھ میں آ گیا تو بہت خوش ہوا کہ مرشد زادہ کی نظر توجہ اس کی طرف مبذول ہوئی ہے لیکن اب مشکل یہ پیش آئی کہ یہ تجویز عمل میں لائی جائے تو کیسے لائی جائے؟ گھر میں جہاں ہدایہ اور مشکوٰۃ کے پڑھنے والوں کا مجمع رہتا تھا، سارا گاما کی سبق آموزیوں کا موقع نہ تھا اور دوسری جگہ بالالتزام جانا اشکال سے خالی نہ تھا۔ بہر حال اس مشکل کا ایک حل نکال لیا گیا اور ایک رازدار مل گیا جس کے مکان مین نشست و برخاست کا انتظام ہو گیا۔ پہلے ہفتہ میں تین دن

مقرر کیے تھے پھر روز سہ پہر کے وقت جانے لگا۔ مسیتا خاں پہلے سے وہاں موجود رہتا اور دو تین گھنٹے تک موسیقی کے علم و عمل کا مشغلہ جاری رہتا :

عشق می ورزم و امید کہ ایں فن شریف
چوں ہنر ہائے دگر موجبِ حرماں نشود!

مسیتا خاں نے تعلیم کا صرف ایک ہی ڈھنگ رٹا ہوا تھا جو اس فن کے استادوں کا عام طریقہ ہوتا ہے۔ وہی اس نے یہاں بھی چلایا، لیکن میں نے اسے روک دیا اور کوشش کی کہ اپنے طریقے پر معلومات مرتب کروں۔ موسیقی کے آلات میں زیادہ تر توجہ ستار پر ہوئی اور بہت جلد اس سے انگلیاں آشنا ہو گئیں۔ اب سوچتا ہوں تو حسرت ہوتی ہے کہ وہ بھی کیا زمانہ تھا اور طبیعت کے کیا کیا ولولے تھے۔ میری عمر سترہ برس سے زیادہ نہ ہوگی لیکن اُس وقت بھی طبیعت کی افتاد یہی تھی کہ جس میدان میں قدم اٹھائیے، پوری طرح اُٹھائیے اور جہاں تک راہ ملے بڑھتے ہی جائیے۔ کوئی کام بھی ہو لیکن طبیعت اس پر کبھی راضی نہیں ہوئی کہ ادھورا کر کے چھوڑ دیا جائے۔ جس کوچہ میں بھی قدم اُٹھایا اسے پوری طرح چھان کر چھوڑا۔ ثواب کے کام کیے تو وہ بھی پوری طرح کیے، گناہ کے کام کیے تو انہیں بھی ادھورا نہ چھوڑا۔ رندی کا کوچہ ملا تھا تو اس میں بھی سب سے آگے رہے تھے، پارسائی کی راہ ملی تو اس میں بھی کسی سے پیچھے

نہ رہے۔ طبیعت کا تقاضا ہمیشہ یہی رہا کہ جہاں کہیں جایئے ناقصوں اور خام کاروں کی طرح نہ جائیے۔ رسم و راہ رکھیے تو راہ کے کاملوں سے رکھیے۔ شیخ علی حزیں نے میری زبانی کہا تھا:

تا دستر سم بود، زدم چاک گریباں
شرمندگی از خرقۂ پشمینہ نہ دارم

چنانچہ اس کوچہ میں بھی قدم رکھا تو جہاں تک راہ مل سکی، قدم بڑھائے جانے میں کوتاہی نہیں کی۔ ستار کی مشق چار پانچ سال تک جاری رہی تھی۔ بین سے بھی انگلیاں نا آشنا نہیں رہیں لیکن زیادہ دلبستگی اس سے نہ ہو سکی۔ پھر اس کے بعد ایک وقت آیا کہ یہ مشغلہ یک قلم متروک ہو گیا اور اب تو گزرے ہوئے وقتوں کی صرف ایک کہانی باقی رہ گئی ہے۔ البتہ انگلی پر سے مِضراب کا نشان بہت دنوں تک نہیں مٹا تھا:

اب جس جگہ کہ داغ ہے، یاں پہلے درد تھا!

اس عالم رنگ و بو میں ایک روش تو مکھی کی ہوئی کہ شہد پر بیٹھتی ہے تو اس طرح بیٹھتی ہے کہ پھر اٹھ نہیں سکتی:

کہ پاؤں توڑ کے بیٹھے ہیں پائے بند ترے

اور ایک بھنورے کی ہوئی کہ ہر پھول پر بیٹھے، بو باس لی اور اُڑ گئے:

ٹک دیکھ لیا، دل شاد کیا، خوش کام ہوئے اور چل نکلے

چنانچہ زندگی کے چمنستان ہزار رنگ کا ایک پھول یہ بھی تھا۔ کچھ دیر کے لیے رُک کر بو باس لے لی اور آگے نکل گئے۔ مقصود اس اشتغال سے صرف یہ تھا کہ طبیعت اس کوچہ سے نا آشنا نہ رہے کیونکہ طبیعت کا توازن اور فکر کی لطافت بغیر موسیقی کی ممارست کے حاصل نہیں ہو سکتی۔ جب ایک خاص حد تک یہ مقصد حاصل ہو گیا تو پھر مزید اشتغال نہ صرف غیر ضروری تھا بلکہ موانع کار کے حکم میں داخل ہو گیا تھا۔ البتہ موسیقی کا ذوق اور تاثر جو دل کے ایک ایک ریشے میں رچ گیا تھا، دل سے نکالا نہیں جا سکتا تھا اور آج تک نہیں نکلا:

جاتی ہے کوئی کش مکش اندوہِ عشق کی

دل بھی اگر گیا، تو وہی دل کا درد تھا

حسن آواز میں ہو یا چہرے میں، تاج محل میں ہو یا نشاط باغ میں، حسن ہے اور حسن اپنا فطری مطالبہ رکھتا ہے۔ افسوس اس محروم ازلی پر جس کے بے حس دل نے اس مطالبہ کا جواب دینا نہ سیکھا ہو!

سینۂ گرم نداری مطلب صحبتِ عشق

آتشے نیست چو در مجمرہ اَت، عُود مخر

میں آپ سے ایک بات کہوں! میں نے بارہا اپنی طبیعت کو ٹٹولا ہے۔ میں زندگی کی احتیاجوں میں سے ہر چیز کے بغیر خوش رہ سکتا ہوں لیکن موسیقی کے بغیر نہیں رہ سکتا۔ آوازِ خوش میرے لیے زندگی کا سہارا، دماغی کاوشوں کا مداوا اور جسم و دل کی ساری بیماریوں کا علاج ہے:

مجھے اگر آپ زندگی کی رہی سہی راحتوں سے محروم کردینا چاہتے ہیں تو صرف اس ایک چیز سے محروم کر دیجیے آپ کا مقصد پورا ہو جائے گا۔ یہاں احمد نگر کے قید خانے میں اگر کسی چیز کا فقدان مجھے ہر شام محسوس ہوتا ہے تو وہ ریڈیو سیٹ کا فقدان ہے:

لذتِ معصیتِ عشق نہ پوچھ

خلد میں بھی یہ بلا یاد آئی

جس زمانے میں موسیقی کا اشتغال جاری تھا، طبیعت کی خودرفتگی اور محویت کے بعض ناقابل فراموش احوال پیش آئے۔ جو اگرچہ خود گزر گئے لیکن ہمیشہ کے لئے دامنِ زندگی پر اپنا رنگ چھوڑ گئے۔ اسی زمانے کا ایک واقعہ ہے کہ آگرہ کے سفر کا اتفاق ہوا۔ اپریل کا مہینہ تھا اور چاندنی کی ڈھلتی ہوئی راتیں تھیں۔ جب رات کی پچھلی پہر شروع ہونے کو ہوتی تو چاند پردہ شب ہٹا کر یکایک جھانکنے لگتا۔ میں نے خاص طور پر کوشش کر کے ایسا انتظام کر رکھا تھا کہ رات کو ستار لے کر تاج چلا جاتا اور اس کی

چھت پر جمنا کے رخ بیٹھ جاتا۔ پھر جونہی چاندنی پھیلنے لگتی ستار پر کوئی گیت چھیڑ دیتا اور اس میں محو ہو جاتا۔ کیا کہوں اور کس طرح کہوں کہ فریب تخیل کے کیسے کیسے جلوے انہی آنکھوں کے آگے گزر چکے ہیں :

گدائے میکدہ ام، لیک وقتِ مستی بیں
کہ ناز بر فلک و حکم بر ستارہ کُنم !

رات کا سناٹا، ستاروں کی چھاؤں، ڈھلتی ہوئی چاندنی اور اپریل کی بھیگی ہوئی رات، چاروں طرف تاج کے منارے سر اٹھائے کھڑے تھے، برجیاں دم بخود بیٹھی تھیں، بیچ میں چاندنی سے دھلا ہوا مرمریں گنبد اپنی کرسی پر بے حس و حرکت متمکن تھا، نیچے جمنا کی رُوپہلی جدولیں بل کھا کھا کر دوڑ رہی تھیں اور اُوپر ستاروں کی ان گنت نگاہیں حیرت کے عالم میں تک رہی تھیں۔ نور و ظلمت کی اس ملی جلی فضا میں اچانک پردہ ہائے ستار سے نالہ ہائے بے حرف اٹھتے اور ہوا کی لہروں پر بے روک تیرنے لگتے۔ آسمان سے تارے جھڑ رہے تھے اور میری انگلی کے زخموں سے نغمے :

زخمہ بر تارِ رگِ جاں می زنم
کس چہ داند تا چہ دستاں می زنم

کچھ دیر تک فضا تھمی رہتی۔ گویا کان لگا کر خاموشی سے سن رہی ہے۔ پھر آہستہ آہستہ ہر تماشائی حرکت میں آنے لگتا۔ چاند بڑھنے لگتا۔ یہاں تک کہ سر پر آ کھڑا ہوتا۔ ستارے دیدے پھاڑ پھاڑ کر تکنے لگتے۔ درختوں کی ٹہنیاں کیفیت میں آ آ کر جھُومنے لگتیں۔ رات کے سیاہ پردوں کے اندر سے عناصر کی سرگوشیاں صاف صاف سنائی دیتیں۔ بارہا تاج کی برجیاں اپنی جگہ سے ہل گئیں اور کتنے ہی مرتبہ ایسا ہوا کہ منارے اپنے کاندھوں کو جنبش سے نہ روک سکے۔ آپ باور کریں یا نہ کریں مگر یہ واقعہ ہے کہ اس عالم میں بارہا میں نے برجیوں سے باتیں کی ہیں اور جب کبھی تاج کے گنبد خاموش کی طرف نظر اٹھائی ہے تو اس کے لبوں کو ہلتا ہوا پایا ہے!

تو مپندار کہ ایں قصہ زخود می گویم

گوش نزدیکِ لبم آر کہ آوازے ہست

اس زمانے کے کچھ عرصہ بعد لکھنؤ جانے اور کئی ماہ تک ٹھہرنے کا اتفاق ہوا۔۔۔۔

آپ بھولے نہ ہوں گے کہ سب سے پہلے آپ سے وہیں ملاقات ہوئی تھی۔ آپ نے قلمی کتابوں کے تاجر عبد الحسین سے کلیاتِ صائبؔ کا ایک نسخہ خریدا تھا اور مجھے یہ کہہ کر دکھایا تھا

کہ قلمی کتابوں کا بھی آپ کو کچھ شوق ہے؟

این سخن را چہ جواب ست، تو ہم میدانی

اسی قیام کے دوران میں مرزا محمد ہادی مرحوم سے شناسائی ہوئی۔ وہ موسیقی میں کافی دخل رکھتے تھے اور چونکہ علم و فن کی راہوں سے آشنا تھے اس لیے علمی طریقہ پر اسے سمجھتے اور سمجھا سکتے تھے۔ مجھے ان سے اپنی معلومات کی تکمیل میں مدد ملی۔ افسوس وہ بھی چل بسے :

پیدا کہاں ہیں ایسے پراگندہ طبع لوگ

افسوس، تم کو میر سے صحبت نہیں رہی

اس زمانے میں کرسچئین کالج کے سامنے پانچ روپے ماہوار کرایہ کا ایک مکان لے رکھا تھا۔ وہی ان کی دنیا تھی۔ علم ہیئت کے شوق نے نجّاری کے مشغلہ سے آشنا کر دیا تھا۔ جب کالج سے آتے تو مکان کی چھت پر لکڑی کے دوائرِ قطر اور نصف اور ثلث بنانے میں مشغول ہو جاتے اور اس طرح اپنی رصد بندیوں کا سامان کرتے۔ چھت کی سیڑھی ٹوٹی ہوئی تھی، جست لگا کر اُوپر پہنچتے اور ساری رات ستاروں کی ہم نشینی میں بسر کر دیتے۔

کہ با جام و سبو ہر شب قرین ماہ و پروینم

کئی برس کے بعد پھر لکھنؤ جانے کا اتفاق ہوا تو انہیں ایک دوسرے ہی عالم میں پایا۔ ایک رشتہ دار کے انتقال سے کالپی کی کچھ جائداد ورثہ میں مل گئی تھی اور اب جوانی کی محرومیوں کا بڑھاپے کی ذوق اندوزیوں سے کفارہ کرنا چاہتے تھے۔

وقتِ عزیز رفت، بیا تا قضا کنیم

عمرے کہ بے حضورِ صراحی و جام رفت

یہ گرمجوشیاں چونکہ موسیقی کے ذوق کے پردے میں ابھری تھیں اس لیے شاہدانِ نغمہ پرداز سے صحبتیں گرم رہتی تھیں اور بعض استادانِ فن سے بھی مذاکرہ جاری رہتا۔ اس مرتبہ اگرچہ میرا قیام بہت مختصر رہا لیکن جتنے دن رہا موسیقی کے مذاکرات ہوتے رہے۔ اسی زمانے کے کچھ عرصہ بعد انہوں نے معارف النغمات کی ترتیب میں مدد دی جو چھپ کر شائع ہو چکی ہے۔

بچپنے میں حجاز کی مترنم صداؤں سے کان آشنا ہو گئے تھے۔ صدرِ اول کے زمانے سے لے کر جس کا حال ہم کتاب الاغانی اور عقد الفرید وغیرہ میں پڑھ چکے ہیں، آج تک حجازیوں کا ذوقِ موسیقی گیر متغیر رہا۔ یہ ذوق ان کے خمیر میں کچھ اس طرح پیوست ہو گیا تھا کہ اذان کی صداؤں تک کو موسیقی کے نقشوں میں ڈھال دیا۔ آج کل کا حال معلوم نہیں لیکن اس زمانے میں حرم شریف کے ہر منارہ پر ایک مؤذن متعین ہوتا

تھا اور اُن سب کے اوپر شیخ المؤذنین ہوتا۔ اس زمانے میں شیخ المؤذنین شیخ حسن تھے اور بڑے ہی خوش آواز تھے۔ مجھے اچھی طرح یاد ہے کہ رات کی پچھلی پہر میں ان کی ترحیم (صبح کی اذان سے پہلے مختلف کلماتِ ادعیہ ایک خاص لحن میں دہرائے جاتے ہیں۔ اسے "ترحیم" کہتے ہیں۔ کم سے کم سو برس پہلے بھی یہ رسم جاری تھی، کیونکہ ملّا علی قاری اور صاحب الباعث نے اسے بھی بدع و محدّثات میں سے شمار کیا تھا۔) کی نوائیں ایک سماں باندھ دیا کرتی تھیں۔ ہمارا مکان قدوہ میں باب السلام کے پاس تھا۔ کوٹھے کی کھڑکیوں سے مناروں کی قندیلیں صاف نظر آتی تھیں اور صبح کی اذان اس طرح سنائی دیتی جیسے چھت پر کوئی اذان دے رہا ہو۔ جب عراق اور مصر و شام کے سفر کا اتفاق ہوا تو موجودہ عربی موسیقی کی جستجو ہوئی۔ معلوم ہوا کہ قدماء کی بہت سی مصطلحات جو ہمیں کتاب الاغانی اور خوارزمی وغیرہ میں ملتی ہیں، اب کوئی نہیں جانتا۔ تعبیر و تقسیم کے اسماء و رموز تقریباً بدل گئے ہیں اور عربی کی جن مصطلحات نے ایران پہنچ کر فارسی کا جامہ پہن لیا تھا، وہ اب پھر عربی میں واپس آکر معرّب ہو گئی ہیں۔ البتہ فن کی پرانی بنیادیں ابھی تک متزلزل نہیں ہوئیں۔ وہی بارہ راگنیاں اب بھی اصل و بنیاد کا کام دے رہی ہیں جو یونانی موسیقی کی تقلید میں وضع ہوئی تھیں۔ آسمان کے بارہ برجوں کی طرف اب بھی انہیں اسی طرح منسوب کیا جاتا ہے جس طرح قدماء نے کیا

تھا۔ آلاتِ موسیقی میں اگرچہ بہت سی تبدیلیاں ہو گئیں لیکن عود کے پردے ابھی تک خاموش نہیں ہوئے ہیں اور ان کے زخموں سے وہ نوائیں اب بھی سنی جا سکتی ہیں جو کبھی ہارون الرشید کی شبستانِ طرب میں اسحاق موصلی اور ابراہیم بن مہدی کے مضراب سے اُٹھا کرتی تھیں :

ایں مطرب از کجاست کہ کہ سازِ "عراق" ساخت
و آہنگ بازگشتز "راہ" حجاز کرد

"عراق" اور "حجاز" دو راگنیوں کے نام ہیں اور "راہ" یعنی سُر۔

مطرب نگاہ دار ہمیں "رہ" کہ میزنی

اس زمانے میں شیخ احمد سلامہ حجازی کا جوق مصر میں بہت مشہور اور نامور تھا "جوق" وہاں منڈلی کے معنی میں بولا جاتا ہے۔ ہم نے یہاں منڈلی کے لیے "طائفہ" کا لفظ اختیار کیا تھا پھر اس کی جمع طوائف ہوئی اور رفتہ رفتہ طوائف کے لفظ نے مفرد معنی پیدا کر لیے، یعنی زنِ رقاصہ و مغنیہ کے معنی میں بولا جانے لگا۔ شیخ سلامہ کا جوق قاہرہ کے اوپیرہ ہاؤس میں اکثر اپنا کمال دکھایا کرتا تھا اور شہر کی کوئی بزم طرب بغیر اس کے بارونق نہیں سمجھی جاتی تھی۔ مجھے بارہا اس کے سننے کا اتفاق ہوا۔ اس میں شک نہیں کہ عربی موسیقی آج کل جیسی کچھ اور جتنی کچھ بھی ہے وہ اس کا پورا ماہر تھا۔ ایک

دوست کے ذریعہ اس سے شناسائی پیدا کی تھی اور موجودہ عربی موسیقی پر مذاکرات کیے تھے۔

اسے زمانے میں مصر کی ایک مشہور "عالمہ" طاہرہ نامی باشندہ طنطا تھی۔ "عالمہ" مصر میں مغنیہ کہ کہتے ہیں یعنی موسیقی کا علم جاننے والی۔ ہمارے علماء کرام کو اس اصطلاح سے غلط فہمی نہ ہو۔ یورپ کی زبانوں میں یہی لفظ (Alma) ہو گیا ہے۔ شیخ سلامہ بھی اس عالمہ کی فن دانی کا اعتراف کرتا تھا۔ وہ خود بھی بلائے جان تھی، مگر اس کی آواز اس سے بھی زیادہ آفتِ ہوش و ایمان تھی۔ میں نے اس سے بھی شناسائی بہم پہنچائی اور عربی موسیقی کے کمالات سنے۔ دیکھیے اس خانماں خراب شوق نے کن کن گلیوں کی خاک چھنوائی۔

جانا پڑا رقیب کے در پر ہزار بار
اے کاش جانتا نہ تری رہگزر کو میں!

جس زمانے کے یہ واقعات لکھ رہا ہوں، اس سے کئی سال بعد مصر میں اُم کلثوم کی شہرت ہوئی اور اب تک قائم ہے۔ میں نے اس کے بے شمار ریکارڈ سنے ہیں اور قاہرہ، انگورہ، طرابلس الغرب، فلسطین اور سنگاپور کے ریڈیو اسٹیشن آج کل بھی اس کی نواؤں سے گونجتے رہتے ہیں۔ اس میں کوئی شبہ نہیں کہ جس شخص نے اُم کلثوم کی

آواز نہیں سنی ہے وہ موجودہ عربی موسیقی کی دلآویزیوں کا کچھ اندازہ نہیں کر سکتا۔ اس کے مشہور انشادات میں سے ایک نشید عُلیّہ بنت المھدی کا مشہور نسیب ہے:

و حبب، فان الحب داعیۃ الحب

و کم من بعید الدار مستوجب القرب

البتہ یہ ماننا پڑتا ہے کہ قدیم یونانی موسیقی کی طرح عربی موسیقی بھی نسبتاً سادہ اور دقتِ تالیف کی کاوشوں سے خالی ہے۔ ہندوستان نے اس معاملہ کو جن گہرائیوں تک پہنچا دیا، حق یہ ہے کہ قدیم تمدنوں میں سے کوئی تمدن بھی اس کا مقابلہ نہیں کر سکتا۔ حسنِ تقسیم اور دقتِ ترتیب یہاں کی ہر فنی شاخ کی عام خصوصیت رہی ہے۔

لیکن جہاں تک نفسِ فن کی دقیقہ سنجیوں کا تعلق ہے، اس میں بھی کوئی شبہ نہیں کہ یورپ کا موجودہ فن موسیقی جس کی بنیاد و نشأۃ ثانیہ (Renaissance) کے باکمالوں نے رکھی تھی منتہائے کمال تک پہنچا دیا گیا ہے اور گو ذوق سماع کے اختلاف سے ہمارے کان اس کی پوری قدر شناسی نہ کر سکیں لیکن دماغ اس کی عظمت سے متاثر ہوئے بغیر نہیں رہ سکتا۔ دراصل اشیاء و معانی کے تمام مرکب مزاجوں کی طرح موسیقی کا مزاج بھی ترکیبی واقع ہوا ہے اور سارا معاملہ مفرد اصوات والحان کی تالیف سے وجود پذیر ہوتا ہے۔ ان مفرد اجزاء کی ترکیب کا تسویہ اور تناسب جس قدر دقیق اور

نازک ہوتا جائے گا، موسیقی کی گہرائیاں اتنی ہی بڑھتی جائیں گی۔ اس اعتبار سے اٹھارویں اور انیسویں صدی کے یورپ کا فنِ موسیقی فکر انسان کی دقت آفرینیوں کا ایک غیر معمولی نمونہ ہے اور جرمنی کے باکمالانِ فن نے تو اس باب میں بڑی ہی سحر کاری کی ہے۔

حقیقت یہ ہے کہ موسیقی اور شاعری ایک ہی حقیقت کے دو مختلف جلوے ہیں اور ٹھیک ایک ہی طریقہ پر ظہور پذیر بھی ہوتے ہیں۔ موسیقی کا مؤلف الحان کے اجزا کو وزن و تناسب کے ساتھ ترکیب دے دیتا ہے۔ اسی طرح شاعر بھی الفاظ و معانی کے اجزاء کو حسن و ترکیب کے ساتھ باہم جوڑ دیتا ہے:

تو حنا بستی و من معنی رنگیں بستم!

جو حقائق شعر میں الفاظ و معانی کا جامہ پہن لیتے ہیں وہی موسیقی میں الحان و ایقاع کا بھیس اختیار کر لیتے ہیں۔ نغمہ بھی ایک شعر ہے لیکن اسے حرف و لفظ کا بھیس نہیں ملا۔ اس نے اپنی رُوح کے لیے نواؤں کا بھیس طیار کر لیا۔

و الاذن تعشق قبل العین احیانا

یہ کیا بات ہے کہ بعض الحان درد و الم کے جذبات برانگیختہ کر دیتے ہیں، بعض کے سُننے سے مسرت و انبساط کے جذبات اُمنڈنے لگتے ہیں، بعض کی لَے ایسی ہوتی ہے

جیسے کہہ رہی ہو کہ زندگی اور زندگی کے سارے ہنگامے ہیچ ہیں۔ بعض کی لَے ایسی محسوس ہوتی ہے، جیسے اشارہ کر رہی ہو کہ :

یاراں! صلائے عام است گرمی کنید کارے!

یہ وہی معانی ہیں جو موسیقی کی زبان میں اُبھرنے لگتے ہیں۔ اگر یہ شعر کا جامہ پہن لیتے تو کبھی حافظ کا ترانہ ہوتا، کبھی خیام کا زمزمہ، کبھی شیلے (Shelley) کی ماتم سرائیاں ہوتیں، کبھی ورڈز ورتھ (Wordsworth) کی حقائق سرائیاں :

دریں میدان پُر نیرنگ حیران ست دانائی

کہ یک ہنگامہ آرائی و صد کشور تماشائی!

یہ عجیب بات ہے کہ عربوں نے ہندوستان کے تمام علوم و فنون میں دلچسپی لی لیکن ہندوستان کی موسیقی پر ایک غلط انداز نظر بھی نہ ڈال سکے۔ ابو ریحان البیرونی نے کتاب الہند میں ہندوؤں کے تمام علوم و عقائد پر نظر ڈالی ہے اور ایک باب "فی کتبھم فی سائرِ العُلُوم" پر بھی لکھا ہے، مگر موسیقی کا اس میں کوئی ذکر نہیں۔ ڈاکٹر اڈورڈ سخاوَ (Sachau) نے الآثار الباقیہ کے مقدمہ میں البیرونی کا ایک مکتوب درج کیا ہے جس میں اُس نے اپنی تمام مصنفات کا بہ تفصیل ذکر کیا تھا، لیکن اس میں بھی اس موضوع پر کوئی تصنیف نظر نہیں آتی۔ حالانکہ یہ وہ زمانہ تھا جب

ہندوستان کے نائیک سلطان محمود اور سلطان مسعود کے درباروں میں اپنے کمالاتِ فن کی نمائشیں کرنے لگے تھے اور ہندوستان کے ڈھول اور باجے غزنین کے گلی کوچوں میں بجائے جا رہے تھے۔ غالباً اس تغافل کی وجہ کچھ تو یہ ہوگی کہ علوم عقلیہ کے شوق و اشتغال نے اس کی بہت کم مہلت دی کہ فنون لطیفہ کی طرف توجہ کرتے اور کچھ یہ بات بھی ہوگی کہ عربوں کا ذوقِ سماع ہندوستان کے ذوقِ سماع سے اس درجہ مختلف تھا کہ ایک کے کان دوسرے کی نواؤں سے بہ مشکل آشنا ہو سکتے تھے۔

ہندوستان کی موسیقی کی طرح ہندوستان کے ڈراموں سے بھی عرب مصنف یک قلم نا آشنا رہے۔ البیرونی نے سنسکرت کی شاعری اور فنِ عروض کا بہ تفصیل ذکر کیا ہے لیکن ناٹک کا کوئی ذکر نہیں کرتا۔ حالانکہ یونانی ادبیات کی طرح سنسکرت ادبیات کی بھی ایک خاص اور ممتاز چیز ناٹک ہے۔

خود یونان کے فنونِ ادبیہ کے ساتھ بھی عربوں نے ایسا ہی تغافل برتا، یونان کی شاعری اور ڈراموں کی انہیں بہت کم خبر تھی۔ ہومر اور سوفا کلیس وغیرہما کے نام انہیں ارسطو کے مقالات اور افلاطون کی جمہوریت سے معلوم ہو گئے تھے لیکن اس سے زیادہ کچھ معلوم نہ کر سکے۔ ابنِ رشد نے کامیڈی اور ٹریجڈی کی جو تعریف اپنی

شرح میں کی ہے اس سے اندازہ کیا جا سکتا ہے کہ یونانی ڈرامہ کی حقیقت سے اُس کا دماغ کس درجہ ناآشنا تھا۔ وہ کامیڈی کو ہجو اور ٹریجڈی کو مدح سے تعبیر کرتا ہے۔

یہ بات بھی صاف نہیں ہوئی کہ یونانی فنِ بلاغت سے آئمہ بلاغتِ عرب کہاں تک متاثر ہوئے تھے؟ بظاہر انہوں نے اسے قابل اعتنا نہیں سمجھا۔ ارسطو کے مقالات، خطابت اور شاعری پر عربی میں منتقل ہو گئے تھے اور ابنِ رشد نے اپنی شروح میں انہیں بھی شامل کیا لیکن عرب آئمہ فن نہ تو اس کی روح سمجھ سکے اور نہ بلاغت عربی کی سرگرانیوں نے اس کی مہلت دی کہ سمجھنے کی کوشش کرتے۔ ارسطو نے اپنے دونوں مقالوں میں جو کچھ لکھا ہے، وہ تمام تر یونانی خطابت اور شاعری کے نمونوں پر مبنی ہے اور عربی دماغ ان سے آشنا نہ تھا۔ آپ نے ابنِ قدامہ کی نقد الشعر کا ضرور مطالعہ کیا ہوگا۔ چوتھی صدی کے بغداد کے علمی حلقہ میں اُس کا نشو و نما ہوا تھا اور وہ نسلاً رومی تھا۔ چند سال ہوئے اسکوریال (اسپین) کے کتب خانہ میں ایک کتاب کا سراغ ملا، جس کی لوح پر "نقد النثر" درج تھا مگر مصنف کا نام مٹا ہوا تھا۔ بہت غور کرنے سے ابو جعفر ابنِ قدامہ سے ملتے جلتے حروف دکھائی دینے لگے۔ جب اس نام کی کتاب دنیا کے کتب خانوں کی فہرستوں میں ڈھونڈھی گئی تو معلوم ہوا کہ کوئی دوسرا نسخہ

اس کا موجود نہیں۔ اسکوریال کے کتب خانہ میں زیادہ تر وہی کتابیں ہیں جو سترھویں صدی میں سلطان مراکش کے دو جہازوں کی لوٹ سے اسپین
کے ہاتھ آئی تھیں۔ چونکہ اس زمانے میں اسلامی ذخیروں کو تباہ کرنے کی مسیحی سرگرمیاں ٹھنڈی پڑ چکی تھیں، اس لیے انہیں ضائع نہیں کیا گیا اور اسکوریال کی خانقاہ میں رکھ دی گئیں۔ یقیناً یہ نسخہ بھی اسی لوٹ میں آ گیا ہوگا۔ پچھلے دنوں جامع مصریہ کے ادارہ نے اس کا عکس حاصل کیا اور ڈاکٹر منصور اور ڈاکٹر طٰہٰ کی تصحیح و ترتیب کے بعد چھپ کر شائع ہوگیا۔ دونوں نے اس پر الگ الگ مقدمے بھی لکھے ہیں۔ بظاہر اس میں شک کرنے کی کوئی وجہ معلوم نہیں ہوتی کہ یہ رسالہ بھی نقد الشعر کے مصنف ہی کے قلم سے نکلا ہے۔ رسالہ کے اسلوب بیان میں منطقی طریق بحث و تحلیل صاف نمایاں ہے جو آگے چل کر فن بلاغت پر بالکل چھا گیا، لیکن اصول فن خالص عربی ہیں اور امثال و نظائر میں بھی باہر کے اثرات کی کوئی پرچھائیں دکھائی نہیں دیتی۔ البتہ بلاغت کی حقیقت پر بحث کرتے ہوئے یونان اور ہندوستان کے بعض اقوال جاحظ کے حوالہ سے نقل کر دیے ہیں اور وہ سب نے نقل کیے ہیں۔

لیکن عربوں نے جو تغافل یونانی ادبیات سے برتا تھا، وہ اس کے فن موسیقی سے برت نہیں سکتے تھے کیونکہ خود عربوں کا فن موسیقی کچھ نہ تھا اور جتنی کچھ عمارت بھی

انہوں نے اٹھائی تھی، اس کا تمام تر مواد ایران کی ساسانی موسیقی کے کھنڈروں سے حاصل کیا گیا تھا۔

نوائے باربدماندست دوستاں!

چنانچہ کافی تصریحات موجود ہیں جن سے معلوم ہوتا ہے کہ یونان کے فنِ موسیقی پر عربی میں کتابیں لکھی گئیں اور ریاضی کی ایک شاخ کی حیثیت سے اس کا عام طور پر مطالعہ کیا گیا۔ یونانیوں نے آسمان کے بارہ فرضی برجوں کی مناسبت سے راگنیوں کی بارہ بنیادی تقسیمیں کی تھیں اور ہر راگنی کو کسی ایک برج کی طرف منسوب کر دیا تھا۔ عربوں نے بھی اسی بنیاد پر عمارت اٹھائی۔ یونان اور روم کے آلات میں قانون اور ارغنون (آرگن) عام طور پر رائج ہو گئے تھے۔ ابو نصر فارابی نے قانون پر ایک مستقل رسالہ بھی لکھا ہے۔ اخوان الصفا کے مصنفوں کو بھی موسیقی سے اعتناء کرنا پڑا۔

سندھ کے نوآباد عرب ہندوستان کی موسیقی سے جو ان اطراف میں رائج ہو گئی ضرور آشنا ہوئے ہوں گے لیکن تاریخ میں سندھ کے عربی عہد کے حالات اتنے کم ملتے ہیں کہ جزم کے ساتھ کچھ نہیں کہا جا سکتا۔ البتہ چھٹی صدی ہجری سے شمالی ہند اور دکن کے نئے اسلامی دوروں کا جو سلسلہ شروع ہوا ان سے ہم مسلمانوں کے ذوق اور اشتغال

کے نتائج بآسانی نکال لے جا سکتے ہیں۔ اب ہندوستان کے علوم و فنون مسلمانوں کے لیے غیر ملکی نہیں رہے تھے بلکہ خود ان کے گھر کی دولت بن گئے تھے۔ اس لیے ممکن نہ تھا کہ ہندوستانی موسیقی کے علم و ذوق سے وہ تغافل برتتے۔ چنانچہ ساتویں صدی میں امیر خسرو جیسے مجتہد فن کا پیدا ہونا اس حقیقت حال کا واضح ثبوت ہے۔ اس سے ثابت ہوتا ہے کہ اب ہندوستانی موسیقی ہندوستانی مسلمانوں کی موسیقی بن چکی تھی اور فارسی موسیقی غیر ملکی موسیقی سمجھی جانے لگی تھی۔ سازگری، ایکن اور خیال تو امیر خسرو کی ایسی مجتہدانہ اختراعات ہیں کہ جب تک ہندوستانیوں کی آواز میں رس اور تار کے زخموں میں نغمہ ہے، دنیا ان کا نام نہیں بھول سکتی۔ مثنوی قران السعدین میں خود کہتے ہیں :

زمزمہ "سازگری" در "عراق"

کردہ بگل بانگِ عراق اتفاق

قول، ترانہ، سوہلہ تو گانے کی ایسی عام چیزیں بن گئی ہیں کہ ہر گویے کی زبان پر ہیں، حالانکہ یہ سب اسی عہد کی اختراعات ہیں۔ کلاسیکل موسیقی ان سے آشنا نہ تھی۔

غالباً مسلمان بادشاہوں سے بھی پہلے مسلمان صوفیوں نے اس کی سرپرستی شروع کر دی تھی۔ ملتان، ایودھن، گور اور دہلی کی خانقاہوں میں وقت کے بڑے بڑے باکمال

حاضر ہوتے تھے اور برکت و قبولیت کے لیے اپنا اپنا جوہرِ کمال پیش کرتے تھے۔ جہاں تک سلاطین ہند کا تعلق ہے خلجی اور تغلق کے درباروں میں ہندوستانی موسیقی کے مقبولیت اور قدردانیوں کے واقعات تاریخ میں موجود ہیں لیکن جس شاہی خاندان نے ہندوستانی موسیقی سے بہ حیثیت ایک فن کے خاص اعتنا کیا، وہ غالباً جونپور کا شرقی خاندان تھا۔ چنانچہ اسی عہد میں خیال عام طور پر مقبول ہوا اور دھرپد کی جگہ اس سے اہلِ فن اعتنا کرنے لگے۔ اسی عہد کے لگ بھگ دکن کے بہمنی اور نظام شاہی خاندانوں کا اور پھر بیجا پوری بادشاہوں کا شوق و ذوق نمایاں ہوتا ہے۔ چونکہ اس زمانے میں دکن اور مالوا کی سرزمین موسیقی کے علم و عمل کا تخت گاہ بن گئی تھی، اس لیے یہ قدرتی بات تھی کہ مسلمان بادشاہوں کی سرپرستی اسے حاصل ہو جاتی۔ ابراہیم عادل بادشاہ تو بقول ظہوری کے اس اقلیم کا جگت گورو تھا اور اس کے شوقِ موسیقی نے بیجا پور کے گھر گھر میں وجد و سماع کا چراغ روشن کر دیا تھا۔ ظہوری اس کی مدح میں کیا خوب کہہ گیا ہے:

مروت کردہ شبہا بر تو سیر بام و در لازم
نمی باشد چراغے خانہ ہائے بے نوایاں را

مالوا، بنگال اور گجرات کے پادشاہوں کے ذاتی اشتغال و ذوق کے واقعات تاریخ میں بکثرت ملتے ہیں۔ گور کے سلاطین ملکی زبان اور ہلکی موسیقی، دونوں کے سرپرست تھے۔ چنانچہ بنگالی زبان کی قدیم شاعری نے تمام ترانہی کی سرپرستی میں نشوونما پائی۔ مالوا کے باز بہادر کو تو روپ متی کے عشق نے ہندی کا شاعر بھی بنا دیا تھا اور موسیقی کا ماہر بھی۔ آج تک مالوا کے گھروں سے اس کے دُہروں کی نوائیں سنی جا سکتی ہیں۔

اکبر کی قدر شناسیوں سے اس فن کو جو عروج ملا اس کا حال عام طور پر معلوم ہے۔ ابو الفضل نے اُن تمام باکمالوں کا ذکر کیا ہے جو فتح پور اور آگرہ میں جمع ہو گئے تھے۔ ان میں بڑی تعداد مسلمانوں کی تھی۔ جہانگیر نے اپنی توزک میں جا بجا ایسے اشارے کیے ہیں جن سے اس کے ذاتی ذوق اور اشتغال کا ثبوت ملتا ہے۔ اس کی حسن پرست طبیعت کا لازمی تقاضہ یہی تھا کہ فنونِ لطیفہ کا قدر شناس ہو۔ چنانچہ شاعری، مصوری اور موسیقی تینوں کا دلدادہ اور اعلیٰ درجہ کا کمال شناس تھا۔ اس کے دربار میں جس درجہ کے شاعر، مصور اور گویے جمع ہو گئے تھے، پھر ہندوستان کی تاریخ میں جمع ہونے والے نہ تھے۔ اس کے دربار کے ایک مصور نے الزبتھ کے سفیر کو اپنا کمال دکھا کر حیران کر دیا تھا۔ اس کے شاعرانہ ذوق کے لیے اس کا یہ ایک شعر کفایت کرتا ہے:

ازمن متاب رخ کہ نیم بے تو یک نفس

یک دل شکستنِ تو بصد خوں برابر ست

اسی عہد میں یہ بات ہوئی کہ موسیقی کا فن بھی فنونِ دانشمندی میں داخل ہو گیا اور اس کی تحصیل کے بغیر تحصیل علم اور تکمیلِ تہذیب کا معاملہ ناقص سمجھا جانے لگا۔ اُمراء اور شرفاء کی اولاد کی تعلیم و تربیت کے لیے جس طرح تمام فنونِ مدارس کی تحصیل کا اہتمام کیا جاتا تھا اسی طرح موسیقی کی تحصیل کا بھی اہتمام کیا جاتا۔ ملک کے ہر حصہ سے باکمالانِ فن کی مانگ آتی تھی اور دہلی، آگرہ، لاہور اور احمد آباد کے گویے بڑی بڑی تنخواہوں پر اُمراء اور شُرفا کے گھروں میں ملازم رکھے جاتے تھے۔ جو نوجوان تکمیلِ علم کے لیے بڑی شہروں میں آتے، وہ وہاں کے عالموں اور مدرسوں کے ساتھ وہاں کے باکمالانِ موسیقی کو بھی ڈھونڈتے اور پھر ان کے حلقۂ تعلیم میں زانوئے تحصیل تہہ کرتے۔ دکن میں احمد نگر، بیجا پور اور برہان پور کے اہل فن مشہور تھے۔ دوآبہ میں دہلی اور آگرہ کے اور پنجاب میں لاہور، سیالکوٹ اور جھنگ کے۔

اس عہد میں ایران اور توران سے جو افاضل و اشراف آتے وہ ہندوستانی موسیقی کے فہم و مناسبت کی ضرورت فوراً محسوس کر لیتے تھے اور چند سال بھی گزرنے نہیں پاتے کہ اس کے مقام شناس بن جاتے تھے۔ محمد قاسم فرشتہ صاحبِ تاریخ کا باپ مازندران سے آ کر احمد نگر میں مقیم ہوا تھا اور فرشتہ کی ولادت مازندران کی تھی لیکن

اسے ہندوستانی موسیقی سے اس قدر شغف ہوا کہ اس موضوع پر ایک پوری کتاب تصنیف کردی۔ یہ کتاب میرے کتب خانہ میں موجود ہے۔ علاء الملک تونی جو جلوسِ شاہجہانی کے ساتویں سال ہندوستان آیا اور فاضل خاں کے خطاب سے مخاطب ہوا اور پھر اورنگ زیب کے عہد میں عہدہ وزارت پر فائز ہوا ہندوستانی موسیقی کا ایسا ماہر سمجھا جاتا تھا کہ وقت کے اساتذہ اس سے استفاضہ کرتے تھے۔

اس عہد کے کتنے ہی مقدس علماء ہیں جن کے حالات پڑھیے تو معلوم ہوتا ہے کہ گو موسیقی کے اشتغال سے دامن بچائے رہے لیکن فن کے ماہر اور نکتہ شناس تھے۔ ملا مبارک کے حالات میں خصوصیت کے ساتھ اس کی تصریح ملتی ہے کہ ہندوستانی موسیقی کا عالم و ماہر تھا۔ اکبر نے اسے تان سین کا گانا سنایا تو صرف اتنی داد ملی کہ "ہاں گا لیتا ہے"!

ملا عبد القادر بدایونی جیسا متشرع اور متصلب شخص بھی بین بجانے میں پوری مہارت رکھتا تھا اور فیضی نے ضروری سمجھا تھا کہ اکبر کی خدمت میں اس کی سفارش کرتے ہوئے اس مشاقی کا ذکر کردے۔ علامہ سعد اللہ شہجہانی جن کی فضیلت علمی اور ثقاہت طبع کا تمام معاصر اعتراف کرتے ہیں، موسیقی اور سنگیت کی ہر شاخ پر نظر رکھتے تھے اور ماہرانہ رائے دے سکتے تھے۔ ان کے استاد ملا عبد السلام لاہوری تھے۔ ان کے

حلقۂ درس کی عالمگیریوں نے سمرقند اور بخارا تک کو مسخر کر لیا تھا اور جب شاہجہان نے شہزادوں کی تعلیم کے لیے تمام علمائے مملکت پر نظر ڈالی تھی تو نظرِ انتخاب نے انہی کی سفارش کی تھی۔ لیکن ان کے ذوقِ موسیقی کا یہ حال تھا کہ جس طرح "ہدایہ" اور "بزودی" کے مقامات حل کیا کرتے تھے اسی طرح موسیقی کی مشکلات بھی حل کر دیا کرتے تھے۔ شیخ معالی خاں جو ملا طاہر پٹنی محدث گجرات کے خاندان سے تعلق رکھتے تھے اور قاضی القضاۃ شیخ عبد الوہاب گجراتی کے پوتے تھے، ان کے حالات میں صاحب مآثر الامراء نے لکھا ہے کہ موسیقی کے شیفتہ اور اس کی باریکیوں کے دقیقہ سنج تھے۔ ملا شفیعائے یزدی مخاطب بہ دانشمند خاں کہ سر آمد علمائے عصر تھا اور شاہجہان کے دربار میں اس کا مباحثہ ملا عبد الحکیم سیالکوٹی سے معلوم و مشہور ہے، ہندوستان آتے ہی ہندوستانی موسیقی میں ایسا باخبر ہو گیا کہ وقت کے باکمالانِ فن کو اُس کے فضل و کمال کا اعتراف کرنا پڑا۔ حکیم برنیر فرنساوی صاحب سفر نامہ ہند اسی دانشمند خان کی سرکار میں ملازم تھا اور غالباً اسی کی صحبت کا یہ نتیجہ تھا کہ حکمائے فرنگ کا اسے ہم مشرب لکھا گیا ہے۔ شیخ علاؤ الدین جو اپنے عہد کے مشہور صوفی گزرے ہیں اور جن کی ایک غزل سماع کی مجلسوں میں بکثرت گائی جاتی ہے:

نہ دانم آں گلِ رعنا چہ رنگ و بو دارد

کہ مُرغ ہر چمنے گفتگوئے اُو دارد

نشاطِ بادہ پرستاں بہ منتہیٰ برسید

ہنوز ساقیِ ما بادہ در سبو دارد

ان کے حالات میں سب سے لکھتے ہیں کہ ہندوستانی موسیقی کے ماہر اور آلاتِ موسیقی کے غیر معمولی مشاق تھے۔

شیخ جمالی صاحب سیر العارفین اور اُن کے لڑکے شیخ گدائی، دونوں کا فنِ موسیقی میں توغل معلوم ہے۔ دورِ آخر میں مرزا مظہرِ جان جاناں اور خواجہ میر درد فن موسیقی کے ایسے ماہر وقت تھے کہ وقت کے بڑے کلاونت اپنی چیزیں بغرض اصلاح پیش کرتے اور ان کے سر کی ایک ہلکی سی جنبش کو بھی اپنے کمال فن کی سند وصول کرتے۔

شیخ عبد الواحد بلگرامی شیر شاہی عہد کے ایک عالی قدر بزرگ تھے سلوک و تصوف میں ان کی کتاب سنابل مشہور ہو چکی ہے۔ بدیوانی ان کے حالات میں لکھتے ہیں کہ ہندی موسیقی میں نقش آرائیاں کرتے تھے اور وجد و حال کی مجلسیں ان سے گرم ہوتی تھیں۔

بیرم خان موسیقی ہند کا بڑا قدر شناس تھا اور اس کے لڑکے عبد الرحیم خانخاناں کی قدر شناسیاں تو اس درجہ تک پہنچ گئی تھیں کہ اکبر اور جہانگیر کے شاہانہ فیاضیاں بھی ان کا

مقابلہ نہ کر سکیں۔ عبدالباقی نہاوندی نے ماثر رحیمی کے خاتمے میں جہاں ان علماء اور شعرا کا ذکر کیا ہے، جو خانخاناں کی سرکار سے وابستہ تھے، وہ موسیقی کے باکمالوں کے نام بھی گنوائے ہیں۔ ان میں ایرانی اور ہندوستانی، ہندو اور مسلمان دونوں تھے۔ شاہ نواز خان صفوی کے حالات میں صاحب مآثر الامراء نے لکھا ہے کہ "شیفتہ موسیقی بود و خوانندہ زندہ ہا کہ پیش خود جمع کردہ بو، نظیر نداشتند۔" قریب قریب یہی الفاظ ہوں گے۔ حافظہ سے لکھ رہا ہوں اور کتاب دیکھے ہوئے سالہا سال گذر گئے۔ زین خان کوکا کا علوم درسیہ میں شغف معلوم ہے۔ پنجاب کی صوبیداری کے زمانے میں بھی اس نے درس و تدریسِ علوم کا مشغلہ بالالتزام جاری رکھا تھا، لیکن اُس کے حالات میں بھی سب لکھتے ہیں، کہ "بکبت و راگ شغفے داشت، دسازہا بکمالِ حسن و خوبی مینواخت"۔ اس کا لڑکا مغل خان بھی اس باب میں اپنے بات کا جانشین تھا۔ خان کلان میر محمد جو شمس الدین اتکہ کا بھائی تھا، موسیقی ہند کے علم و مہارت میں ممتاز سمجھا جاتا تھا۔ مرزا غازی خان بن جانی بیگ حاکمِ سندھ و قندھار کی نسبت سب لکھتے ہیں کہ نغمہ پردازی، طنبور نوازی اور تمام سازوں کے بجانے میں بے نظیر تھا۔ ملا مرشد یزدجردی نے اسی کی مدح میں یہ رباعی کہی تھی:

گر نغمۂ سازت بسکوں می آید

رمزے ست بگویمت کہ چوں می آید
اس بسکہ بگرد زخمہ ات می گردد
پیچیدہ ز طبنور بروں می آید

خانِ زماں میر خلیل نے جو یمین الدولہ آصف خان کا داماد تھا، اس فن مین ایسی مہارت بہم پہنچائی تھی، کہ لوگ اپنے اختلافات اُس کے آگے فیصلہ کے لیے پیش کرتے۔ سرس بائی جو شہزادہ مراد بخش کی محبوبہ تھی، خیال گانے میں اپنے جواب نہیں رکھتی تھی، مگر خود شہزادہ کی فن دانی کا مرتبہ اتنا بلند تھا کہ اس کی شاگردی پر ناز کرتی۔ اورنگ زیب نے جب مراد کو قید کیا تو سرس بائی بھی تیار ہو گئی کہ اُس کے ساتھ قید و بند کی سختیاں گوارا کرے۔ چنانچہ مراد کے ساتھ قلعۂ گوالیار میں عرصہ تک محبوس رہی۔ مرزا عیسیٰ خاں ترخاں جس نے جانی بیگ کی وفات کے بعد سندھ میں بڑی شورش برپا کی تھی، نغمہ سنجی اور ساز نوازی میں اپنا جواب نہیں رکھتا تھا۔

اب اس وقت حافظہ کی گرہیں کھلنے لگی ہیں، تو بیشمار واقعات سامنے آ رہے ہیں۔ شہزادہ خرم کی ماں، مان متی جو راجہ اودے سنگھ کی بیٹی تھی، جب جہانگیر کے محل میں آئی، تو اُس کے آنے کا محل میں شہرہ ہوا۔ جہانگیر چونکہ خود ماہرِ فن تھا، اس لیے اُس نے امتحان لیا اور جب دیکھا کہ امتحان میں پوری اُتری تو بہت خوش ہوا، اور خوش آواز

خواصوں کی ایک حلقہ اُس کے سپرد کر دیا کہ اپنی تعلیم و تربیت سے انہیں تیار کرے۔ خود خرم یعنی شاہجہان کے ذوق و مناسبتِ فن کا یہ حال تھا کہ تان سین کا جانشین لال خان اس کا نام لے کر کان پکڑتا تھا۔ دھرپد میں شاہجہان کے رسُوخِ ذوق کا مؤرخوں نے خصوصیت کے ساتھ ذکر کیا ہے۔ نظام الملک آصف جاہ کے لڑکے ناصر جنگ شہید کو موسیقی کے شوق نے سنسکرت زبان کی تحصیل کا شوق دلایا، تاکہ کلاسیکل موسیقی کی قدیم کتابوں کا براہِ راست مطالعہ کر سکے۔ اس کے حالات میں صاحب شہادت نامہ لکھتے ہیں کہ زبانِ سنسکرت سے واقف اور موسیقی اور سنگیت میں ماہر تھا۔

اس عہد میں ایک ایک امیر کی فیاضیاں ترقیِ فن کے لیے شاہانہ فیاضیوں سے کم نہیں ہوتی تھیں، شیخ سلیک چشتی کو پوتا اسلام خان جب جہانگیر کے عہد میں بنگال کا صوبیدار ہوا، تو اس کی سرکار میں اسی ہزار روپیہ ماہوار راگ اور رقص کے طائفوں پر خرچ کیا جاتا تھا۔ صاحب مآثر الامرا لکھتے ہیں کہ اُس کے دسترخوان پر ایک ہزار لنگریاں ("لنگری" لکڑی کی روغن کی ہوئی سینی کو کہتے ہیں، جو لکڑی کے طشت کی طرح بہت بڑی ہوتی تھی، اور ایک مسلم گوشفندِ بریاں اس میں رکھا جا سکتا تھا۔) کمال تکلف و اہتمام سے دونوں وقت چُنی جاتی تھیں، مگر خود اس کا یہ حال تھا کہ جوار کی روٹی اور

ساٹھی کا خشکہ ساگ کے ساتھ کھاتا اور کسی دوسرے کھانے میں ہاتھ نہ ڈالتا۔ یہ بھی لکھا ہے کہ وہ عمر بھر جامۂ خاصہ کے نیچے گاڑھے کا کرتا پہنتا رہا اور پگڑی کے نیچے بھی گاڑھے کی طاقیہ اوڑھتا۔ ("طاقیہ" ہلکی ٹوپی کو کہتے تھے، جو گھر میں سر پر رکھ لیتے۔ آج کل بھی عرب میں اس ٹوپی کو طاقیہ ہی کہتے ہیں)

اورنگ زیب کی فقیہانہ تقشف سے اگرچہ فنونِ لطیفہ کی گرم بازاری سرد پڑ گئی، مگر یہ جو کچھ ہوا، صرف دربارِ شاہی تک محدود تھا۔ پچھلی آب پاشیوں نے ملک کے ہر گوشہ میں جو نہریں رواں کر دی تھیں، وہ اتنی تنک مایہ نہ تھیں کہ شاہی سرپرستی کا رُخ پھرتے ہی خشک ہونا شروع ہو جاتیں۔ بلاشبہہ عالمگیری عہد میں شاہی سرکار کے کارخانے بند ہو گئے تھے، لیکن ملک کے ہزاروں لاکھوں گھروں کے کارخانے کون بند کر سکتا تھا! میں نے اس مکتوب کی ابتدا میں فارسی کتاب راگ درپن کا ذکر کیا ہے۔ یہ کتاب فقیر اللہ سیف خان نے مرتب کی تھی جو اسی عالمگیری عہد کا ایک امیر اور ناصر علی سرہندی کا ممدوح تھا۔ شیر خان لودھی صاحبِ مراۃ الخیال بھی اسی عہد میں تھا، جس نے ایرانی موسیقی اور ہندوستانی موسیقی، دونوں میں دستگاہ پیدا کی اور پھر دونوں پر ایک بسوط کتاب لکھی۔ تذکرہ مراۃ الخیال میں بھی ایک فصل موسیقی پر لکھی ہے اور اپنے

ذوقِ فن کا ذکر کیا ہے۔ موسیقی پر اس کی کتاب میری نظر سے گذر چکی ہے۔ اس کا ایک خوشخط نسخہ رائل ایشیاٹک سوسائٹی بنگال کے کتب خانہ میں موجود ہے۔

اس سلسلہ میں خود اورنگ زیب کی زندگی کا ایک واقعہ قابل ذکر ہے۔

برہان پور کے حوالی میں ایک بستی زین آباد کے نام سے بس گئی تھی۔ اسی زین آباد کی رہنے والی ایک مغنیہ تھی جو "زین آبادی" کے نام سے مشہور ہوئی اور اس کے نغمہ و حسن کی تیر افگنیوں نے اورنگ زیب کو زمانۂ شہزادگی میں زخمی کیا۔ صاحبِ مآثر الامرا نے اس واقعہ کا ذکر کرتے ہوئے کیا خوب شعر لکھا ہے:

عجب گیرندہ دامے بود در عاشق رہائی ہا

نگاہِ آشنائے یار پیش از آشنائی ہا

اورنگ زیب کے اس معاشقہ کی داستان بڑی ہی دلچسپ ہے۔ اس سے معلوم ہوتا ہے کہ اگرچہ اولوالعزمیوں کی طلب نے اسے لوہے اور پتھر کا بنا دیا تھا، لیکن ایک زمانہ میں گوشت و پوست کا آدمی بھی رہ چکا تھا اور کہہ سکتا تھا کہ

گزر چکی ہے یہ فصلِ بہار ہم پر بھی

ابھی تھوڑی دیر ہوئی، ہم یمین الدولہ کے داماد میر خلیل خان زمان کا تذکرہ کر رہے تھے، اس خان زمان کی بیوی اورنگ زیب کی خالہ ہوتی تھی، ایک دن اورنگ زیب

برہان پور کے باغ آہو خانہ میں چہل قدمی کر رہا تھا، اور خان زمان کی بیوی یعنی اس کی خالہ بھی اپنی خواصوں کے ساتھ سیر کے لیے آئی ہوئی تھی۔ خواصوں میں ایک خواص زین آبادی تھی جو نغمہ سنجی میں سحر کار اور شیوۂ دلربائی و رعنائی میں اپنا جواب نہیں رکھتی تھی۔ سیر و تفریح کرتے ہوئے یہ پورا مجمع ایک درخت کے سایے میں سے گزرا، جس کی شاخوں میں آم لٹک رہے تھے۔ جونہی مجمع درخت کے نیچے پہنچا، زین آبادی نے نہ تو شہزادہ کی موجودگی کا کچھ پاس لحاظ کیا، نہ اس کی خالہ کا، بیباکانہ اچھلی، اور ایک شاخِ بلند سے ایک پھل توڑلیا۔ خان زمان کی بیوی پر یہ شوخی گراں گزری اور اس نے ملامت کی، تو زین آبادی نے ایک غلط انداز نظر شہزادہ پر ڈالی اور پشواز سنبھالتے ہوئے آگے نکل گئی۔ یہ ایک غلط انداز نظر کچھ ایسی قیامت کی تھی کہ اس نے شہزادہ کا کام تمام کر دیا، اور صبر و قرار نے خدا حافظ کہا:

بالا بلند عشوہ گر سروِ نازِ من
کوتاہ کرد قصۂ زہدِ درازِ من

صاحب مآثر الامرا نے لکھا ہے کہ "بکمالِ ابرام و سماجت زین آبادی را از خالۂ محترمۂ خود گرفت۔ با آں ہمہ زہدِ خشک و تقشفِ بُحت، شیفتہ و دلدادۂ اُو شد۔ قدحِ شراب بدستِ خود پُر کردہ می داد۔ گویند روزے زین آبادی ہم قدحِ بادہ پُر کردہ، بدستِ شہزادہ داد و

تکلیفِ شُرب نمود۔" یعنی بُری منت و الحاح کر کے اپنی خالہ سے زین آبادی کو حاصل کیا اور باوجود اُس زہد خشک اور خالص تقتہ کے جس کے لیے اُس عہد میں بھی مشہور ہو چکا تھا، اس کے عشق و شیفتگی میں اس درجہ بے قابو ہو گیا کہ اپنے ہاتھ سے شراب کا پیالہ بھر بھر کر پیش کرتا اور عالمِ نشہ و سرور کی رعنائیاں دیکھتا۔ کہتے ہیں کہ ایک دن زین آبادی نے اپنے ہاتھ سے جام لبریز کر کے اورنگ زیب کو دیا اور اصرار کیا کہ لبوں سے لگا لے۔ دیکھیے عرفی کا ایک شعر کیا موقع سے یاد آ گیا ہے، اور کیا چسپاں ہوا ہے:

ساقی توئی و سادہ دلی بیں کہ شیخ شہر
باور نمی کند کہ ملک مے گسار شد

شہزادہ نے ہر چند عجز و نیاز کے ساتھ التجائیں کیں کہ میرے عشق و دل باختگی کا امتحان اس جام کے پینے پر موقوف نہ رکھو!

مئے حاجت نیست مستیم را
در چشم تو خمار باقیست

لیکن اس عیار کو رحم نہ آیا:

ہنوز ایمان و دل بسیار غارت کردنی دارد

مسلمانی میاموز آں دو چشمِ نا مسلماں را

ناچار شہزادہ نے ارادہ کیا کہ پیالہ منہ سے لگا لے۔ گویاو لقد ہمت بہ و ہمّ بھا کی پوری رُوداد پیش آگئی۔

عشقش خبر ز عالمِ مدہوشی آورد

اہلِ صلاح را بقدح نوشی آورد

لیکن جونہی اس فسون ساز نے دیکھا کہ شہزادہ بے بس ہو کر پینے کے لیے آمادہ ہو گیا ہے، فوراً پیالہ اس کے لبوں سے کھینچ لیا اور کہا، "غرض امتحانِ عشق بود، نہ کہ تلخ کامیِ شما"

این جورِ دیگرست کہ آزارِ عاشقاں

چنداں نمی کند کہ بہ آزار خُو کنند!

رفتہ رفتہ معاملہ یہاں تک پہنچا کہ شاہجہان تک خبریں پہنچنے لگیں اور وقائع نویسوں کے فردوں میں بھی اس کی تفصیلات آنے لگیں۔ دارا شکوہ نے اس حکایت کو اپنی سعایت و غمازی کا دست مایہ بنایا۔ وہ باپ کو بار بار توجہ دلاتا، "ببینید، این مزورِ ریائی چہ صلاح و تقویٰ ساختہ است؟" فیضیؔ نے کیا خوب کہا ہے:

چہ دست مے بری اے تیغ عشق اگر داد ست

بہر زبان ملامت گرِ زلیخا را!

نہیں معلوم، اس قضیہ کا غنچہ کیونکر گل کرتا، لیکن قضا وقدر نے خود ہی فیصلہ کر دیا، یعنی عین عروج شباب میں زین آبادی کا انتقال ہوگیا۔ اورنگ آباد میں بڑے تالاب کے کنارے اس کا مقبرہ آج تک موجود ہے :

خود رفتہ ایم و کنج مزارے گرفتہ ایم

تا بارِ دوشِ کس نہ شود استخوان ما

آپ نے عاقل خان رازی کے حال میں یہ واقعہ پڑھا ہوگا کہ زمانۂ شہزادگی میں اورنگ زیب کو ایک پرستارِ خاص کی موت سے سخت صدمہ پہنچا تھا، لیکن اُسی دن شکار کے اہتمام کا حکم دیا گیا۔ اس بات پر وابستگانِ دولت کو تعجب ہوا کہ سوگواری کی حالت میں سیر و تفریح اور شکار کا کیا موقع تھا! جب اورنگ زیب شکار کے لیے محل سے نکلا، تو عاقل خاں نے، کہ میر عسکر تھا، تنہائی کا موقعہ نکال کر عرض کیا، "اس غم و اندوہ کی حالت میں شکار کے لیے نکلنا کسی ایسی ہی مصلحت پر مبنی ہوگا، جس تک ہم ظاہر بینوں کی نگاہ نہیں پہنچ سکتی۔" اورنگ زیب نے جواب میں یہ شعر پڑھا :

نالہ ہائے خانگی دل را تسلی بخش نیست

در بیاباں می تواں فریاد خاطر خواہ کرد

اس پر عاقل خان کی زبان سے بے ساختہ یہ شعر نکل گیا:

عشق چہ آساں نمود، آہ چہ دشوار بود

ہجر چہ دشوار بود، یار چہ آساں گرفت!

اورنگ زیب پر رقت کا عالم طاری ہو گیا۔ دریافت کیا کہ یہ شعر کس کا ہے؟ عاقل خان نے کہا: اس شخص کا ہے، جو نہیں چاہتا کہ اپنے آپ کو زمرۂ شعرا میں محسوب کرائے۔ اورنگ زیب سمجھ گیا کہ خود عاقل خان کا ہے۔ بہت تعریف کی اور اُس دن اُس کی سرپرستی اپنے ذمہ لے لی۔ اس حکایت میں جس "پرستانِ خاص" کی موت کا ذکر آیا ہے، اس سے مقصود یہی "زین آبادی" ہے۔

صاحب مآثر الامرا نے خان زمان کے حال میں لکھا ہے کہ فن موسیقی میں پوری مہارت رکھتا تھا، اور کاروبارِ منصب کے انہماک کے ساتھ راگ و رنگ کی مشغولتیں بھی برابر جاری رہتی تھیں۔ پری چہرگانِ خوش آواز اور مغنیاتِ عشوہ طراز اس کی سرکار میں ہمیشہ جمع رہتی تھیں۔ انہیں میں "زین آبادی" بھی تھی جس کی نسبت کہا جاتا ہے کہ اس کی مدخولہ تھی۔

خود اورنگ زیب بھی موسیقی کے فن سے بے خبر نہ تھا، کیونکہ تمام شہزادوں کی طرح اس نے بھی اس کی تحصیل کی ہو گی۔ البتہ آگے چل کر اس کی طبیعت کی افتاد نے

دوسری راہ اختیار کی، اس لیے اس کے اشتغال و ذوق سے کنارہ کش ہو گیا، اور سلطنت پر قبضہ پانے کے بعد تو سرے سے یہ کارخانہ ہی بند کر دیا۔ گویوں نے موسیقی کا جنازہ نکالا، تو اس نے کہا: "اس طرح دفن کرنا کہ پھر قبر سے نہ اٹھ سکے۔" لیکن اورنگ زیب کے سارے منصوبوں کی طرح سلطنت کا یہ پرہیزی مزاج بھی زیادہ دنوں تک نہ چل سکا، اور اس کی زندگی کے ساتھ ہی ختم ہو گیا۔ جس طرح انگلستان میں پیورٹین (Puritan) عہد کی خشک مزاجیاں اعادۂ حال کے ساتھ ہی ختم ہو گئی تھیں، اسی طرح یہاں بھی اورنگ زیب کی آنکھ بند ہوتے ہی سلطنت کا مزاج پھر لوٹ آیا۔ فرخ سیر اور محمد شاہ محدث بلگرامی نے فرخ سیر کی شادی کی تبریک میں جو مثنوی لکھی ہے، اس سے اس عہد کی عشرت مزاجیوں کا اندازہ کیا جا سکتا ہے۔

ہندوستان کے قدمائے فن نے موسیقی اور رقص کی ایک خاص قسم ایسی قرار دی ہے، جس کی نسبت ان کا خیال تھا کہ صحرائی جانوروں کو بے خود کر کے رام کرنے میں خصوصیت کے ساتھ مؤثر ہے۔ اکبر کے زمانے میں رقص اور گانے کی یہ قسم شکارِ قمرغہ کے سر و سامان میں داخل ہوئی اور اس کے طائفے باکمالانِ فن کی نگرانی میں تیار کرائے گئے۔ آنند رام مخلص نے مرأۃ المصطلحات میں اس طریقِ شکار کی بعض دلچسپ تفصیلات لکھی ہیں۔ وہ لکھتا ہے کہ جب شکارِ قمرغہ کا اہتمام کیا جاتا تھا، تو یہ

طائفے شکارگاہ میں بھیج دیتے جاتے تھے، اور رقص و سرود شروع کر دیتے تھے۔ تھوڑی دیر بعد آہستہ آہستہ چاروں طرف سے ہرن سر نکالنے لگتے اور پھر رقص و سرود کی محویت انہیں بالکل طائفے کے قریب پہنچا دیتی۔ جہانگیر نے ایک مرتبہ شکارِ قمرغہ کا قصد کیا، اور اسی رقص و سرود کا جال بچھایا۔ جب ہرنوں کے غول ہر طرف سے نکل کر سامنے آ کھڑے ہوئے تو نورجہان کی زبان پر بے اختیار امیر خسروؒ کا یہ شعر طاری ہو گیا:

ہمہ آہوانِ صحرا سرِ خود نہادہ بر کف

بہ اُمیدِ آں کہ روزے بشکار خواہی آمد

یہ شعر سُن کر جہانگیر کی غیرت مردمی نے گوارہ نہ کیا کہ شکار کے لیے ہاتھ اُٹھائے، دل گرفتہ واپس آ گیا۔

یہ خیال کہ جانور گانے سے متاثر ہوتے ہیں، دنیا کی تمام قوموں کی قدیمی روایتوں میں پایا جاتا ہے۔ تورات میں ہے کہ حضرتِ داوٗد کی نغمہ سرائی پرندوں کو بے خود کر دیتی تھی۔ یونانی روایات مین بھی ایک سے زیادہ اشخاص کی نسبت ایسا ہی عقیدہ ظاہر کیا گیا ہے۔ ہندوستان کے قدمائے فن نے تو اسے ایک مسلمہ حقیقت مان کر اپنے بیشمار عملیات کی بنیادیں اسی عقیدہ پر استوار کی تھیں۔ سانپ، گھوڑے اور اونٹ کا تاثر

عام طور پر تسلیم کر لیا گیا ہے۔ حُدی کی لے اگر رک جاتی ہے، تو محمل کی تیز رفتاری بھی رُک جاتی ہے :

حُدی را تیز تر میخواں چوں محمل را گراں بینی

البیرونی نے کتاب الہند میں راگ کے ذریعے شکار کرنے کے طریقوں کا ذکر کیا ہے۔ وہ خود اپنا مشاہدہ نقل کرتا ہے کہ شکاری نے ہرن کو ہاتھ سے پکڑ لیا تھا، اور ہرن میں بھاگنے کی قوت باقی نہیں رہی تھی۔ وہ ہندوؤں کا یہ قول بھی نقل کرتا ہے کہ اگر ایک شخص اس کام میں پوری طرح ماہر ہو، تو اُسے ہاتھ بڑھا کر پکڑنے کی بھی ضرورت پیش نہ آئے، وہ صید کو جس طرف لے جانا چاہے، صرف اپنے راگ کے زور سے لگائے لے جائے۔ پھر لکھتا ہے، جانوروں کی اس محویت و تسخیر کو عوام تعویذ گنڈے کا اثر سمجھتے ہیں۔ حالانکہ یہ محض گانے کی تاثیر ہے۔ پھر ایک دوسرے مقام میں جہاں جزیرۂ سرندیپ کا ذکر کیا ہے، لکھتا ہے، یہاں بندر بہت ہیں۔ ہندوؤں میں مشہور ہے کہ اگر کوئی مسافر اُن کے غول میں پھنس جائے اور رامائن کے وہ اشعار جو ہنومان کی مدح میں لکھے گئے ہیں، پڑھنے لگے، تو بندر اس کے مطیع ہو جائیں گے اور اسے کچھ نقصان نہیں پہنچے گا۔ پھر کہتا ہے کہ اگر یہ روایت صحیح ہے تو اس کی تہ میں بھی وہی گانے کی تاثیر کام کرتی ہوگی۔ یعنی رامائن کے اشعار کے مطالب کا یہ اثر نہ ہوگا، اشعار

کی لے اور نغمہ سرائی کی تاثیر ہوگی۔ پہلی تصریح غالباً اُس باب میں ہے جو فی ذکر علوم لهم کا سرة الاجنحة علی افق الجهل کے عنوان سے ہے، اور دوسرے تصریح اس کے بعد کے باب میں ملے گی جو فی معارف شتی من بلادہم و ابصارہم کے عنوان سے لکھا ہے۔

لیکن یہ عجیب بات ہے کہ زمانۂ حال کا علم الحیوان اس خیال کی واقعیت تسلیم نہیں کرتا۔ اور تاثرات کے مشاہدات کو دوسری علتوں پر معمول کرتا ہے۔ سانپ کے بارے میں تو کہا جاتا ہے کہ اس میں سرے سے سماعت کا حاسہ ہی نہیں ہے۔

والہ داغسانی صاحب ریاض الشعرا، قزلباش خاں امیدؔ میر مُعز فطرتؔ موسوی، مؤتمن الدولہ اسحاق خان شوستری، یہ سب تازہ ولایت ایرانی تھے، لیکن ہندوستان کی صحبتوں سے آشنا ہوتے ہی انہوں نے محسوس کیا کہ موسیقی ہند سے واقفیت پیدا کیے بغیر اپنی دانش و شائستگی کی مسند نہیں سنبھال سکتے، اس لیے اس کی تحصیل ناگزیر ہے۔ قزلباش خان اُمید کی مجالسِ طرب کا حال قاضی محمد (صادق) خان اختر نے اپنے مکاتیب میں لکھا ہے، اس سے اندازہ کیا جا سکتا ہے کہ اس فن میں کسی درجہ دستگاہ اسے حاصل ہو گئی تھی۔ شیخ علی حزیں ایرانی موسیقی سے پوری طرح باخبر تھے، لیکن ہندوستان میں انہوں نے ہندوستانی موسیقی کی بھی تحصیل کی۔ پٹنہ کے قیام کے زمانے میں ان کا یہ

دستور تھا کہ ہفتہ کے دو دن موسیقی کی صحبت کے لیے مخصوص کر دیے تھے، شہر کے باکمال حاضر ہوتے اور فن کی باریکیوں کے نمونے پیش کرتے۔

اودھ کی نوابی کے دور میں تفصل حسین خان علامہ کے علم و فضل کی بڑی شہرت ہوئی، شوستری صاحب تحفۃ العالم کلکتہ میں ان سے ملا تھا، جب وہ اودھ کی سفارت کے منصب پر مامور تھے۔ وہ لکھتا ہے کہ تمام علومِ عقلیہ کے ساتھ موسیقی مین بھی درجۂ اجتہاد رکھتے ہیں، اور شوق و ذوق کا یہ حال ہے کہ جب تک ساز پر راگ چھیڑا نہیں جاتا، ان کی آنکھیں نیند سے آشنا نہیں ہوتیں۔ ایک ماہر فن سازندہ صرف اس کام کے لیے ملازم ہے کہ شب کو خوابگاہ میں خواب آور گیت چھیڑ دیا کرے۔

لکھنؤ کے علماء فرنگی محل میں سے بحر العلوم کی نسبت اُن کے بعض معاصروں نے لکھا ہے کہ فنِ موسیقی میں ان کا رسوخ عام طور پر مسلم تھا۔

البتہ یہ ظاہر ہے کہ قوموں کے عروج و ترقی کے زمانے میں جو اشتغال تحسینِ فکر اور تہذیبِ طبع کا باعث ہوتا ہے، وہی دورِ تنزل میں فکر کے لیے آفت اور طبیعت کے لیے مہلکہ بن جاتا ہے۔ ایک ہی چیز حسنِ استعمال اور اعتدالِ عمل سے فضل و کمال کا زیور ہوتی ہے، اور سوء استعمال اور افراط و تفریط عمل سے بداخلاقی اور صد عیبی کا دھبہ بن جاتی ہے۔ موسیقی کا ایک شوق تو اکبر کو تھا کہ اپنی یلغاروں کے بعد جب کمر کھولتا،

تو مجلسِ سماع و نشاط سے اُن کی تھکن مٹاتا، اور پھر ایک شوق محمد شاہ رنگیلے کو تھا کہ جب تک محل کی عورتیں اسے دھکیل دھکیل کر پردہ سے باہر نہ کردیتیں، دیوان خانہ میں قدم نہیں رکھتا۔ صفدر جنگ جب دیوان کی مہمات سے تھک جاتا، تو موسیقی کے باکمالوں کو باریاب کرتا۔ اسی کی نسل میں واجد علی شاہ کا یہ حال تھا کہ جب طبلہ بجاتے بجاتے تھک جاتا، تو تازہ دم ہونے کے لیے اپنے وزیر علی نقی کا باریابی کا موقع دیتا۔ موسیقی کا شوق دونوں کو تھا، مگر دونوں کی حالتوں میں جو فرق تھا، وہ محتاج بیان نہیں۔

سارت مشرقۃً و سرتُ مغرب

شتان بین مشرقِ و مغرب

اس بات کی عام طور پر شہرت ہوگئی ہے کہ اسلام کا دینی مزاج فنونِ لطیفہ کے خلاف ہے۔ اور موسیقی محرماتِ شرعیہ میں داخل ہے۔ حالانکہ اس کی اصلیت اس سے زیادہ کچھ نہیں کہ فقہا نے سدِ وسائل کے خیال سے اس بارے میں تشدد کیا، اور یہ تشدد بھی بابِ قضا سے تھا، نہ کہ بابِ تشریع سے۔ قضا کا میدان نہایت وسیع ہے، ہر چیز جو سوء استعمال سے کسی مفسدہ کا وسیلہ بن جائے قضاءً رد کی جا سکتی ہے، لیکن اس سے تشریع کا حکمِ اصلی اپنی جگہ سے نہیں ہل سکتا، قُل من حرم زینۃ اللہ التی اخرج

لعباده و الطیبات من الرزق ؟ لیکن یہ مبحث میں یہاں نہیں چھیڑنا چاہتا، یہاں جس زاویۂ نگاہ سے معاملہ پر نظر ڈالی جا رہی ہے۔ وہ دوسرا ہے۔

مومنؔ آ، کیشِ محبت میں کہ سب کچھ ہے روا
حسرتِ حُرمت صہبا و مزامیر نہ کھینچ!

دیکھیے، بات کیا کہنی چاہتا تھا اور کہاں سے کہاں جا پڑا؟ اب لکھنے کے بعد صفحوں پر نمبر لگائے، تو معلوم ہوا کہ فلسکیپ کے چھبیس صفحے سیاہ ہو چکے ہیں۔ بہر حال اب قلم روکتا ہوں۔

حرفِ نا منظورِ دل، یک حرف ہم بیش ست و بس
معنیِ دلخواہ گر صد نسخہ باشد، ہم کم ست

***

www.ingramcontent.com/pod-product-compliance
Lightning Source LLC
LaVergne TN
LVHW050851051026
849532LV00006BA/2204